Medienbildung und Gesellschaft

Band 38

Reihe herausgegeben von
J. Fromme, Magdeburg, Deutschland
S. Ganguin, Leipzig, Deutschland
S. Iske, Magdeburg, Deutschland
D. M. Meister, Paderborn, Deutschland
U. Sander, Bielefeld, Deutschland

Weitere Bände in der Reihe http://www.springer.com/series/12495

Jean-Marie Weber · Manuel Zahn
Karl-Josef Pazzini
(Hrsg.)

Lehre im Kino

Psychoanalytische und pädagogische
Lektüren von Lehrerfilmen

 Springer VS

Herausgeber
Jean-Marie Weber
Université du Luxembourg
Esch-sur-Alzette, Luxemburg

Karl-Josef Pazzini
Universität Hamburg
Hamburg, Deutschland

Manuel Zahn
Universität zu Köln
Köln, Deutschland

ISSN 2512-112X   ISSN 2512-1146   (electronic)
Medienbildung und Gesellschaft
ISBN 978-3-658-17013-4   ISBN 978-3-658-17014-1   (eBook)
https://doi.org/10.1007/978-3-658-17014-1

Die Deutsche Nationalbibliothek verzeichnet diese Publikation in der Deutschen National-
bibliografie; detaillierte bibliografische Daten sind im Internet über http://dnb.d-nb.de abrufbar.

Verantwortlich im Verlag: Stefanie Laux

Gedruckt auf säurefreiem und chlorfrei gebleichtem Papier

Springer VS ist ein Imprint der eingetragenen Gesellschaft Springer Fachmedien Wiesbaden GmbH
und ist ein Teil von Springer Nature
Die Anschrift der Gesellschaft ist: Abraham-Lincoln-Str. 46, 65189 Wiesbaden, Germany

Inhaltsverzeichnis

Autor*innen und Herausgeber*innen

Joana Abelha Faria, Universität Hamburg
joana.abelha.faria@uni-hamburg.de

Alejandro Bachmann, Österreichisches Filmmuseum
a.bachmann@filmmuseum.at

Johannes Binotto, Dr., Universität Zürich
j.binotto@es.uzh.ch

Liliane Goldsztaub
dali.gold@wanadoo.fr

Anne Goliot-Lété, Université Paris Diderot
anne.lete@wanadoo.fr

Sophie Lerner-Seï, Université Paris Descartes
sophie.lerner@wanadoo.fr

Karl-Josef Pazzini, Prof. em. Dr., Universität Hamburg
pazzini@gmx.de

André Michels, Dr. med., Luxemburg
drandremichels@gmail.com

Jean-Marie Weber, Dr., Universität Luxemburg
jean-marie.weber@uni.lu

Manuel Zahn, Prof. Dr., Universität zu Köln
mzahn@uni-koeln.de

Einleitung

Karl-Josef Pazzini, Jean-Marie Weber
und Manuel Zahn

Wir machen Umwege. Um Differenziertes über Lehre in der Schule und an anderen Orten sagen zu können, ziehen wir Spielfilme zu Rate. Wir haben erfahren, dass wir das, was wir vom Lehren wissen, wissen wollen, gesehen haben, in der Auseinandersetzung mit den Spielfilmen anders sehen, erinnern und in einem neuen Anlauf und anders kombiniert formulieren können. Wir vermehren dabei zugleich die Akteure in der Forschung um Autor*innen, Regisseur*innen, Schauspieler*innen und Zuschauer*innen und nutzen die spezifische Verdichtung in der Artikulation der Spielfilme, ohne die sie nie den Eindruck erwecken könnten, realistischer zu sein als die Realität.

Wir plädieren also mit der Zusammenstellung im Einzelnen sehr verschiedener Beiträge auch für eine neue Formulierung des Verhältnisses von Empirie und Theorie, von Erfahrung und Anschauung in der sozial- und erziehungswissenschaftlichen Forschung. Während der Begriff der Erfahrung eine gewisse Nähe zum Gegenstand, eine Prozessualität und Passivität mitführt, setzt der Begriff der Anschauung eine reflexive, zeitliche Distanz zum Gegenstand voraus. Diese begriffsanalytische Unterscheidung lässt sich allerdings für die konkrete Forschungspraxis des Lehrens nicht halten, ist es doch mittlerweile Konsens in den unterschiedlichen Theorien und Methodologien der qualitativen Forschung, dass Empirie und Theorie in unauflöslichen, wechselseitigen Bestimmungsverhältnissen zu denken sind, die nur fiktional auseinandergehalten werden könnten. Wir haben es also in einem breiten Spektrum schillernder Grautöne sowohl mit einer *Theoriegesättigtheit von Empirie* zu tun – wie beispielsweise bei der meist unbewussten Objektkonstruktion

© Springer Fachmedien Wiesbaden GmbH, ein Teil von Springer Nature 2018
J.-M. Weber et al. (Hrsg.), *Lehre im Kino*, Medienbildung und
Gesellschaft 38, https://doi.org/10.1007/978-3-658-17014-1_1

(Bourdieu 2006) oder als beobachtungsleitende Theorien (Kalthoff 2008) in der Erfahrung – als auch mit einer *Empiriegeladenheit von Theorie* (vgl. Hirschhauer 2008). Zusätzlich sind die verwendeten Untersuchungs- und Aufzeichnungsmedien schon in ihrer Technik und deren Gebrauch selber theorie- und erfahrungsgesättigt und so voller Annahmen über die Wahrnehmbarkeit von Welt.

Jede Forschung ist daher aufgefordert, sich in selbstreflexiver Geste in dem skizzierten Kontinuum von Empirie und Theorie zu verorten. Das ist auch ein Gründungsimpetus der Psychoanalyse Freuds. Und solche grundlegenden Fragen hinsichtlich der Erkenntnisgenerierung der Forschung stellen sich auch einer *filmischen Empirie des Pädagogischen*: Welches Verhältnis zu Lehrerfahrungen, zu Erfahrungen von Unterricht hat der Spielfilm? Ist seine aufgezeichnete, mediatisierte Erfahrung in besonderer Weise geschichtet, vielleicht poetisch? Was unterscheidet Spielfilme (als Quellen erziehungswissenschaftlicher Forschung und Theoriebildung) von der teilnehmenden Beobachtung eines Unterrichtsbesuchs oder einer videographischen Unterrichtsaufzeichnung (vgl. Weber 2013)? Die letzte Frage wird in diesem Sammelband nicht explizit beantwortet, sondern schwingt als impliziter Vergleich mit.

Als Inszenierungen verfahren Spielfilme selbstredend nicht naturwissenschaftlich objektiv, sondern repräsentieren ihre *Sujets* subjektiv, was aber nicht weniger objektiv ist, nur einen anderen Zugang darstellt zu dem, was Wirklichkeit genannt wird. Das Subjektive ist die Unterlage (auch eine Bedeutung von *subjectum*), mit der der Film wahrnehmbar wird. Filme liefern so eine montierte Ansammlung von Bildern, Tönen und Worten als Deutungen von Wirklichkeit.

Es ist zudem offensichtlich, dass Spielfilme nicht zu erziehungswissenschaftlichen Forschungszwecken hergestellt und aufgeführt werden. Sie richten sich zumeist, auch das Genre der ‚Lehrerfilme‘, mit ökonomischen Interessen an ein möglichst breites Publikum, um es zu unterhalten. Die Spielfilme (ob nun für die Vermarktung im Kino und Fernsehen, auf dem Video- oder auf dem Kunstmarkt hergestellt), so lässt sich folgerichtig schließen, sind primär Produkte der Kulturindustrie und werden erst sekundär, im wissenschaftlichen Blick der Forscher*innen, zu filmischer Empirie des Pädagogischen. Dazwischen müssen sie aber irgendetwas treffen bei den Konsument*innen, das noch irgendeiner Wiederholung, Verarbeitung, Aufnahme bedarf, eine Art ‚Gefäß‘ anbieten für Überschüsse, die sonst schwer unterzubringen sind. In dieser Perspektive können die Spielfilme in einem konventionellen Sinn Gegenstand von Forschung werden und mit sehr unterschiedlichen Methoden untersucht werden. Und das aus dem einfachen Grund, weil ihnen offenbar eine ‚Forschung‘ vorausging, in Form der gemeinsamen Produktion der Regisseure, Drehbuchschreiber, Produktionsfirmen, Schauspieler und allen sonstigen am komplexen Gebilde Film Beteiligten.

Wir gehen daher in den vorliegenden Beiträgen noch diesen Schritt weiter: Spielfilme sind nicht länger nur *Gegenstand* von Forschung, sie können selbst als *Forschungsergebnisse* anderer Art eingehender Untersuchungen und Auseinandersetzungen mit der Schulwirklichkeit bzw. mit dem Lehren verstanden werden und das nicht nur jeweils zeitgenössisch. Uns interessiert dabei insbesondere das in diesen Filmen artikulierte und zirkulierende reflexive Wissen über das Lehren, das man mit einer von John Fiske (1993) in den *Cultural Studies* entwickelten Unterscheidung in einer ersten Näherung ‚populäres Wissen' nennen könnte. Dieses ist zu unterscheiden von einem ‚offiziellen' erziehungswissenschaftlichen Wissen, das vom institutionellen Netzwerk der *scientific community* produziert wird.

Es ist unseres Erachtens nicht die Fiktionalität der Spielfilme, die sich von anderen medialen Aufzeichnungen und Darstellungen des Lehrens unterscheidet und die uns an ihnen besonders interessiert. Es ist vielmehr ihre spezifische Art und Weise der Her- und Darstellung. Denn beim Lehren und Lernen handelt es sich um pädagogische Phänomene, die sich der direkten Wahrnehmung entziehen. Neben ihrer zeitlich-dynamischen Form, vollziehen sie sich unsichtbar in und/ oder zwischen den beteiligten Individuen etwa als Übertragung und konfrontieren daher den erziehungswissenschaftlichen Forscher mit Darstellungs- und Übersetzungsproblemen. Mit anderen Worten: Lehren kann man nicht einfach sehen oder riechen oder hören, sondern etwas, was man nachträglich als Lehren bezeichnet, bekommt erst im Beobachtungs- und Forschungsprozess eine mediale Darstellungsform (ob nun als Text, Film, Video oder statistisches Diagramm). Vorher war das nicht als Lehren da. Es war natürlich etwas da: wie Raum, Zeit, Materialien, Körper, Begehren, Intentionen, Gesten, Sprechen u. a. m.

Bei den Spielfilmen, so kann man sagen, haben wir es also mit einer speziellen medialen Darstellungs- und Verarbeitungsform von Erfahrungen des Lehrens (auch den unterstellten Erfahrungen des Publikums) zu tun. Vermutlich haben sich alle Autoren und Regisseure interessanter ‚Schul- und Lehrerfilme' intensiv mit Schule und dem Lehren auseinandergesetzt – nicht unbedingt wissenschaftlich. Wahrscheinlich die Wenigsten unter ihnen mit dem Bewusstsein: „Jetzt erforschen wir, was Schule und Unterricht im Innersten zusammenhält!" (Eine solche Befragung steht allerdings noch aus). Die am Film beteiligten Personen greifen vielmehr im Prozess der Herstellung auf ihre eigenen Erfahrungen mit dem Lehren in schulischen oder außerschulischen Situationen zurück, vielleicht nicht immer aktiv und intentional. Sie werden in ihrer jeweiligen Rolle von den Erfahrungen auch ergriffen. Diese Erfahrungen fließen mehr oder weniger bewusst in die filmische Gestaltung ein. Die eigenen Schul- und Lehrerfahrungen vermischen sich dabei höchstwahrscheinlich mit der Erfahrung von medialen Inszenierungen des

Lehrens, mit Textlektüren, Gesprächen, Interviews, Beobachtungen, die spezifisch für das Filmprojekt gemacht wurden.

Auf struktureller Ebene ähnelt die so skizzierte Herstellung der Filme über das Lehren dem Konzept des Traums in der Psychoanalyse. Der tatsächliche Traum hat zunächst das bewusst und intentional zugängliche Erfahrungsmaterial (Erinnerungen, Traumata, Tagesreste) dekonstruiert und neu gemischt, ermöglicht durch eine gewisse Entspannung und die Abkoppelung von der Motilität, d. h. abgekoppelt vom unmittelbar zweckrationalen Handeln. Das Erfahrungsmaterial wird im Prozess der Filmproduktion auf ähnliche Weise wie im Traum inszeniert: verschoben, verdichtet und mit Rücksicht auf die Darstellbarkeit (vgl. Freud 1900, S. 344ff.) neu montiert. Der entstandene Film soll die Zuschauer erreichen.

Den Zuschauern wird daher nicht eine Dokumentation über verschiedene Lehrsettings nahegebracht, sondern sie können mittels einer erzählten Geschichte und deren Figuren amüsant, spannend, belustigt und belustigend, aber auch leidend, mit Anlass zum Fremdschämen am Leben anderer teilhaben, ohne in deren Handlungen involviert zu sein. Sie sind vom Anschluss an die Motilität und damit von der intentionalen Aufmerksamkeit in etwa wie der Träumer entlastet. Dazu knüpft der Film (in seiner Aufführung) wiederum an die Reste aus Erlebnissen der Zuschauer an und kombiniert sie so, dass sie lachen, weinen, gespannt oder entspannt sein können und neue Zusammenhänge entstehen. Einige Filme tun das äußerst erfolgreich, wie beispielsweise *Der blaue Engel* (1930), *Die Feuerzangenbowle* (1944), *Sie küssten und sie schlugen ihn* (1959) und *Der Wolfsjunge* (1970), *The 36th Chamber of Shaolin* (1978), *Der Club der toten Dichter* (1989), *Blackboards* (2000), *Half Nelson* (2006), *Entre les murs* (2008), *A Single Man* (2009) und *Detachment* (2011). Nicht zu vergessen der erfolgreichste deutsche Film des Jahres 2013 *Fuck ju Göhte*.

In diesem Verständnis von theoretischer Empirie bildet sich Objektivität und damit ein abgrenzbares Objekt erst in einem Prozess heraus, indem das Wissen, mit dem das forschende Individuum operiert, beispielsweise mit den audiovisuellen Bildern von Spielfilmen derart in Reibungsverhältnisse gerät, dass eine Irritation entsteht, die helfen kann, die bisherigen theoretischen Konstruktionen und Erfahrungen zu reflektieren, zu differenzieren und zu verändern.

Unser erziehungswissenschaftlicher Blick richtet sich nun auf die ‚Lehrerfilme' als Objekte im Werden unter der Annahme, dass da etwas weiter bearbeitet ist von den Lehrerfahrungen der Produzent*innen des Films und seiner Zuschauer*innen, so dass letztere im weitesten Sinne amüsiert sind. Wir versuchen an diesem Stück Empirie herauszuarbeiten, was vom Lehren wirkt, was nachwirkt. Es geht dabei nicht nur um Empfindungen, Emotionen, Affekte und Leidenschaften, sondern auch um unbewusstes Denken und Wissen, das so herausgearbeitet werden kann.

Die ‚Lehrerfilme' funktionieren dabei als imaginäre Attraktoren für Fragen, für manchmal nur mehr oder weniger bewusste Gedanken und Assoziationen. Sie lassen auf und mittels der ‚Differenzfläche' der weißen Leinwand etwas zuvor allzu Bekanntes fremd werden, indem sie anregen, manchmal sogar dazu zwingen, das Bekannte etwas anders zu denken und sprechend oder schreibend zu formulieren. Auffällig ist dabei, dass vor allem die unbewusste Beziehungsebene des Lehrens und Unterrichtens, die in der universitären Lehrerbildung eine eher marginalisierte Position einnimmt, in den ‚Lehrerfilmen' ganz im Gegenteil sehr prominent in Szene gesetzt wird. Gerade die speziellen Formen der intersubjektiven Liebesbeziehung, die man als „pädagogischer Eros" oder auch „Übertragung" bezeichnet, werden immer wieder angespielt und thematisiert. Und das glückt: wir lachen, weinen, werden ungeduldig oder wütend, sind überrascht, erinnern und vergessen. Diese Filme legen so die Vermutung nahe, dass sich mit ihnen strukturelle Elemente des Lehrens und Lernens erschließen lassen, die ihre je spezifisch historischen Materialisierungen und Inszenierungen überdauern.

Spielfilme über das Lehren, Schule und Unterricht sind demnach, so lässt sich zusammenfassend sagen, nicht einfach nur Aufzeichnungen audiovisueller Daten eines Unterrichtsgeschehens, sondern vielmehr eine spezifische mediale Übersetzung, Konstruktion und Deutung von sozialen Phänomenen, die als Lehren oder Unterricht bezeichnet werden können. Die Spielfilme kommen so als ästhetische (manchmal künstlerische) Forschungsergebnisse in den Blick, die als Bestandteile des kulturellen Gedächtnisses bzw. der kulturellen Konstruktion und Aufführung von Wünschen, Imaginationen und Verständnissen über Lehr-, Lern- und Bildungsprozesse verstehbar sind. Sie sind somit Träger eines populären Erziehungswissens, das inhaltlich und formal vom offiziellen erziehungswissenschaftlichen Wissen abweichen kann. Wir versprechen uns daher von der empirischen, filmanalytischen Arbeit mit den genannten Spielfilmen Irritationen und Befremdungen, die uns produktiv auf die einheimischen erziehungswissenschaftlichen Begriffe und Theorien schauen lassen und damit eine Präzisierung von Theorie ermöglichen.

Beiträge

Die Mehrheit der hier veröffentlichten Texte wurden zuvor als Vorträge auf einer Tagung gehalten, die vom 31. Januar bis zum 1. Februar 2014 an der Universität Luxemburg stattfand. Das Thema der Tagung war: „Inszenierte Lehre. Lehrerfilme aus erziehungswissenschaftlicher und psychoanalytischer Sicht". Einige weitere Texte haben wir als Ergänzungen für das Buch angefragt. Fast alle Beiträge zu den Spielfilmen sind gespeist von psychoanalytischen Überlegungen in der Hauptsache von Freud und Lacan. Slavoj Zizek (2000) hat schon auf andere

Weise vorgeführt, dass Psychoanalyse eine angemessene theoretische Vermittlung von populärem, filmischem Wissen sein kann. Wir fügen dem eine Dimension erziehungswissenschaftlichen Wissens hinzu, sowohl die *Sujets* der Filme als auch die Herstellung, Aufführung und Rezeption der Filme betreffend. Dabei zeigt sich, dass weitere Reformulierungen des Übertragungskonzeptes auch jenseits der psychoanalytischen Kur für erziehungswissenschaftliche Forschung fruchtbar sein können. Mit dem psychoanalytischen Konzept der Übertragung kommen einige in der Regel im erziehungswissenschaftlichen Diskurs marginalisierte Dimensionen der Lehre stärker in den Blick, wie der und das Andere, das Gesetz, der Eros, die Verführung, allgemein die sinnlich-leidenschaftliche Dimension der Lehre.[1] Unsere Sicht klammert dabei die bildungspolitischen Aspekte von Lehrerfilmen nicht aus. Denn Filme sind nicht nur kulturelle Produkte, sondern selbst eine soziale Praxis mitsamt ideologischen Interessen. Schon dadurch, dass die Produzenten entscheiden, was sie zeigen und was nicht, verwandeln sie die Welt in Diskurse, wie Christian Metz zeigt (vgl. Metz 1968).

Auch Fußtritte können Schnitte sein. *Johannes Binotto* zeigt das am Film *The Miracle Worker*. Die Fußtritte kommen vom Zen-Meister, den Lacan als Metapher für sein Lehren an den Anfang seines ersten Seminars von 1953 stellt. Der Film von Arthur Penn aus dem Jahr 1962 erzählt die auf ihrer Autobiographie beruhende Geschichte der 1880 geborenen Helen Keller, die in frühester Kindheit ihr Seh- und Hörvermögen verlor und trotz ihrer Behinderung so gut Lesen und sich auszudrücken lernte, dass sie einen Hochschulabschluss erlangte. Penns Film inszeniert die brutale Gewalt der Hauslehrerin Anne Sullivan wie ein Erweckungsdrama. An einem drastischen Beispiel dechiffriert Binotto mit Bezug auf Lacan die Gewaltförmigkeit jeglicher Einführung in Sprache. Die mediale Qualität wird mit Rückgriff auf Eisensteins „Montage der Attraktionen" betont. Die Schnitte werden zugleich als Akte der Wertschätzung im Film, seiner Analyse, der Theorie und in der Kur deutlich als Versuch, – im Beispiel Helen Kellers – bodenlose Angst einzudämmen. Binotto kann am und mit dem Schreiben über den Film zeigen, dass es zwar beim Sprachlernen um die Anerkennung und Durchsetzung von Regeln geht, dieses sich aber bei Weitem nicht darin erschöpft, sondern der Personen bedarf, die für das Kind etwas wollen, auch auf riskante Weise. Die Weigerung des Fallen-Lassens von Objekten und schließlich von sich selbst, lassen das Ineinander von Widerstand und des (sich) Einlassens ins Symbolische erkennen.

In Auseinandersetzung mit dem Film *L'enfant sauvage* (dt. Der Wolfsjunge, 1970) geben *Anne Goliot-Lété* und *Sophie Lerner-Seï* interessante Einblicke in die Erziehung von Viktor von Aveyron, des sogenannten Wolfsjungen, welcher im

---

1   Siehe zum hier Ausgeführten auch Pazzini/Zahn 2016.

Frühling des Jahres 1797 in einem Wald im Departement Aveyron gefunden wurde. Er wurde zunächst von dem berühmten Psychiater Philipp Pinel untersucht und anschließend von Jean Itard betreut. Letzterer schätzte Viktors sog. Idiotie als kulturell bedingt ein. In einer interdisziplinären Ko-Konstruktion geht es den beiden Wissenschaftlerinnen darum, sowohl aus der Sicht der Erziehungs- als auch der Filmwissenschaft, d. h. klinisch und filmanalytisch die Verarbeitung des Stoffes durch François Truffauts Film zu untersuchen. Dabei beziehen sie auch die Auseinandersetzung mit den Gutachten über die Entwicklungen des Victor Aveyron (1801) mit ein. Sie explizieren den „Bezug zum Wissen" des Arztes Jean Itard und von François Truffauts in seiner Rolle als Regisseur und Darsteller von Itard. Dies geschieht vor allem im Vergleich mit der Figur von Mme Guérin, die Itard nicht nur zur Seite stand, sondern sich um Viktor bis zu dessen Tod im Alter von 40 Jahren kümmerte. Goliot-Lété und Lerner-Sei kreisen um die Formulierungen Truffauts für die unterschiedlichen Arten des Blickens der Protagonisten. Vor allem der Prozess der Transformation des „nichtsehenden" Viktor zum „sehenden" Viktor wird von Truffaut stets in der Nähe eines Fensters lokalisiert. Letztlich kommen die Autorinnen zu dem interessanten Schluss, dass bei Itard wie Truffaut der Bezug zum Wissen im Bereich des Blickes anzusiedeln sei.

André Michels zeichnet mit Josef von Sternbergs Film *Der blaue Engel* (1930) den Zerfall der autoritären Ordnung zu Beginn des 20. Jahrhunderts nach – sowohl im individuellen als auch im politischen Sinne. Beginnend als Komödie wird die Lehrerfigur Professor Rath, die repräsentative Figur der Autorität, ins Lächerliche gezogen und zum Ende schlägt der Film ins Tragische um, wenn die zum Clown degradierte Figur zur Belustigung des Publikums im Cabaret seiner Heimatstadt vorgeführt wird. Der Film legt dabei in einer langsamen subversiven Bewegung eine phantasmatische Schicht der Realität nach der anderen frei, die die Lehrerfigur Rath vor dem Realen schützen soll. Die Lehrerfigur wird gleichsam Stück für Stück aus der rituell, bisweilen zwanghaft strukturierten und abgesicherten Ordnung seines Heims und seiner Schule in eine ‚andere Welt' geführt, verführt, in der andere Regeln gelten und die Erotik vorherrschend ist. Dieser erotischen und sexuellen Dimension steht der Lehrer machtlos gegenüber. Michels spitzt seine Beobachtungen zu der These zu, dass der Film es uns als Zuschauer*innen erlaubt, über etwas nachzudenken, etwas zu deuten, was in der sozialen/filmischen Realität nicht einfach und direkt gezeigt und dementsprechend auch nicht gesehen werden kann: Die erotische Dimension der Übertragung. Diese ist, wenn auch nicht direkt wahrnehmbar, machtvoll in Schule, Lehre und Unterricht wirksam. Und an der Lehrerfigur Rath führt der Film weiter aus, dass je mehr Energie das Subjekt zur Verdrängung und Verleugnung der sexuellen Realität des Triebes aufwendet, diese umso machtvoller wiederkehrt.

Jean-Marie Weber nimmt Tony Kayes Film *Detachment* (2011) beim Wort. Sein psychoanalytisch informiertes Interesse am Film und der Lehrerfigur Henry Barthes gilt dem mehrdeutigen Signifikanten „Detachment", der sich ins Deutsche mit Begriffen wie Abtrennung, Distanziertheit, Ablösung, Loslösung oder Abspaltung übersetzen lässt. Weber merkt an, dass dieser (Herren-)Signifikant des Films in Beziehung zu anderen Signifikanten und Begriffen wie beispielsweise Verbundenheit, Engagement, Involviertheit und Präsenz verstanden werden muss. Die leitende Frage seiner Analyse gilt dementsprechend den qualitativen Veränderungen der komplexen Beziehungsverhältnisse zu anderen (lebenden wie toten) Personen, in die der Protagonist Henry Barthes eingelassen ist. In dieser Perspektive stellt Weber einen Entwicklungsprozess der Lehrerfigur vor, in dessen Verlauf diese sich von bestimmten Beziehungen lösen muss, um andere, neue Beziehungen, z. B. zu seinen Schüler*innen eingehen zu können.

Alejandro Bachmann stellt schreibend eine Analogie zwischen zwei zeitgleich ablaufenden Prozessen vor, die sich markant auf folgende Frage bringen ließe: Was lehrt Lau Kar-Leungs *The 36th Chamber of Shaolin* seine Betrachter*innen mit den ihm zur Verfügung stehenden Mitteln über Kung Fu, während diese einen Film sehen, der die Geschichte eines Mannes erzählt, der Kung Fu lernt?

Bachmann argumentiert nicht psychoanalytisch, dennoch gehört sein Beitrag in dieses Buch: Er thematisiert Bildungsprozesse und er tut das, indem er seine Seherfahrungen und damit auch einen Prozess der Wandlung parallel zum Protagonisten in die kleine Abhandlung einbringt, psychoanalytisch gesprochen, Zeugnis gibt von einem Übertragungsprozess. Verwoben werden darin ein Lehrprogramm, das Setting des Filmsehens im Kino als Ort, die Identifizierung mit dem Protagonisten und zeitweilig mit dem Meister, dem Lehrer. Als Übersetzungsarbeit ist sie dem psychoanalytischen Prozess verwandt. Ein dem Schreiben Bachmanns, der Psychoanalyse und dem Film gemeinsames Moment ist der Schnitt. Mit solchen Schnitten wird auch die Verbindung von Körper, Geist und Psyche betont. Die Verbindung durch Schnitte gelingt nur im Vertrauen, wie Bachmann mit Bezug auf Alexander Kluge schreibt, also in dem Wagnis der (unbewussten) Unterstellung, dass es um etwas geht, was gut für den Betrachter sei; das ist der Kern aller Übertragung.

Liliane Goldsztaub und *Jean-Marie Weber* machen am Beispiel von Truffauts *Sie küssten und sie schlugen ihn* den Vorschlag, das Film-Sehen als ein Träumen mit und im Film anzugehen. Denn es gebe Aspekte, Bilder, d. h. letztlich Signifikanten, die uns als Zuschauer berühren, affizieren und bewegen, entlang einer oder mehrerer Signifikantenketten. Die eigene Bewegung lässt etwas erahnen von einer Bewegung des Begehrens der Protagonisten des Films. Sie lassen sich anleiten von Truffauts Aussage: „Ich habe immer gedacht, dass wenn man etwas zu sagen hat, sollte man keine Filme machen. Ein Film sagt nichts, ein Film vermittelt emotionale Informationen, welche zu erschütternd, zu sinnlich, welche zu sehr in die Irre leiten, als dass sie eine beruhigende Botschaft hinterließen" (vgl. Gillain 1991). Das passt zum Moment der Adoleszenz als ein wichtiges Thema des Films, auf der medialen Ebene zu den Schnitten zwischen Innen- und Außenräumen, kleinen privaten und größeren öffentlichen Räumen und den unterschiedlichen Zeitrhythmen darin. Es lassen sich so auch Sigmund Freuds *Drei Abhandlungen zur Sexualtheorie* und den weiterführenden Überlegungen von Rassial in *Le passage adolescent* neue Dimensionen abgewinnen. So geraten die Schreibakte im Film und die im hier aufgenommen Beitrag in Konjunktion. Der Film zeigt, so Goldsztaub und Weber, dass Antoine, wie er es mehrmals betont, sein eigenes Leben leben will. Die im Film gezeigten Streiche und Übertretungen sind auf der Ebene des Protagonisten in der Gegenwart, auf der Ebene des Regisseurs und anderer Protagonisten in deren Vergangenheit, auch in der Vergangenheit der Autoren, stellvertretend für die meisten Leser und Zuschauer. Diese Schere, auch eine Form des Schnitts, weist auf die singuläre Gestalt der Akte des Begehrens. Indem der Film diese Akte als singuläre darstellen kann, können weitere gesucht werden, kommt es nicht zum Abschluss. In dieser Gefahr ist das wissenschaftliche Schreiben viel eher.

Karl-Josef Pazzini zeigt mit dem Film *Blackboards* (2000), wie Schule sowohl eines individuellen wie auch gemeinsamen *Phantasmas*, eines Schirms bedarf. Ein solcher ‚Schirm‘ in unterschiedlicher Erscheinungsform ist im Film die Schultafel, die durch das Gebirge im ehemaligen iranisch-irakischen Kriegsgebiet getragen wird. Mit ihr als Last, als Bildungsmedium, aber auch als Geradhalter, als Rückenstärkung und als Schutz klettern, gehen und laufen Lehrer auf den schwierigen Wegen durch das Gebirge. Pazzini hebt dabei hervor, wie Raum- und Zeitkonstellationen sowie Gespräche sich ändern, wenn die Schultafel als Medium und Projektionsschirm auftaucht. Der Platz des Lehrers wird definiert durch die Tafel, vielleicht als Medium, das Mediation und damit auch das Erscheinen der symbolischen Ordnung mit unterschiedlichen Plätzen ermöglicht. Letztlich sind es nicht irgendwelche schulischen Rituale, sondern das Begehren und die Begierde des Lehrers und des Schülers, die oft überraschenderweise Transformationsprozesse, Transsubstantionen ermöglichen.

Jean-Marie Weber wendet sich Mike Leighs Komödie *Happy-Go-Lucky* (2008) zu. Der Titel des Films lässt sich ins Deutsche mit den Adjektiven „unbeschwert", „sorglos" oder „leichtlebig" übersetzen. Das scheint auch die Grundstimmung von Poppy, Grundschullehrerin und Protagonistin des Films, zu sein. Leigh zeigt die Lehrerin in mehreren Unterrichtsszenen. Zugleich wird Poppy als Schülerin vorgestellt: Sie besucht einen Flamenco-Tanzkurs und sie nimmt – nachdem ihr das Fahrrad gestohlen wurde – Stunden in einer Fahrschule, um ihren Führerschein zu machen. Für Weber zeigen insbesondere die Fahrstunden bei ihrem Fahrlehrer Scott, wie schwierig Lehr- und Bildungsprozesse zwischen Erwachsenen sein können, da die Beziehung zwischen den Individuen immer auch vom Subjekt des Unbewussten, d. h. von Effekten der Sprache und des Sprechens mitstrukturiert werden. In der Kabine des Fahrschulautos erfahren wir als Zuschauer*innen demensprechend nicht nur viel über die unterschiedlichen Lehrperformances und die ihnen zugrundeliegenden Pädagogiken, darüberhinaus werden einige symbolische, imaginative und erotische Facetten der pädagogischen Beziehung thematisiert.

Am Beispiel des Spielfilmes *A Single Man* (2009) und der Romanvorlage von Christopher Isherwood geht *Joana Abelha Faria* der Frage nach, welche Rolle die Übertragung in der Lehre spielt. Sie zeigt, wie die Lehrerfigur Georg Falconer und sein Schüler Kenny sich gegenseitig ein *Mehr-Wissen* unterstellen, wobei durch Rückblenden gezeigt wird, wie singuläre Übertragungsprozesse immer auch aufgrund der Erinnerung agieren und einen Versuch von Neubearbeitung darstellen. Beide sind auf der Suche nach diesem Wissen des Anderen, worin auch deren Begehren zutage tritt. Neben der Unterstellung von Wissen sind das Angeblicktwerden und die Forderung von Antworten Grundlagen von Lern- und Bildungsprozessen. Schließlich zeigt die Autorin, wie diese Prozesse die Einnahme eines symbolischen Platzes und der leidenschaftlichen Verkörperung des Wissensobjektes durch den/die Lehrer*in bedürfen. Lehrer*innen sind, so Georgs Freundin Charley, mit der Angst überflüssig zu sein konfrontiert. Im Wunsch, nicht nur oberflächlich erkannt zu werden, lässt sich Georg bis zu seinem Ende durch den Anspruch seiner jeweiligen Schüler ins Leben und auf seinen symbolischen Platz zurückrufen.

Dank

Zuletzt möchten wir denjenigen von Herzen danken, die das Zustandekommen dieses Buches möglig gemacht haben. Allen Autorinnen und Autoren gebührt großer Dank für ihre Mitwirkung und für Ihre Geduld, da die Realisierung des Buchs doch deutlich mehr Zeit in Anspruch genommen hat als zu Beginn geplant. Ebenfalls großer Dank geht an Judith Keinath für die deutsche Übersetzung des Textes von Anne Goliot-Lété und Sophie Lerner-Sei, Ronja Eickmeier für die Hilfe beim Lektorat und Harald Strauß für das sorgsame Korrektorat.

Für die freundliche Beteiligung an den Herstellungskosten danken wir dem Dekanat der Fakultät für Erziehungswissenschaft sowie dem Lehrstuhl für Kunstpädagogik und Visuelle Bildung der Universität Hamburg, dem Lehrstuhl für Ästhetische Bildung der Universität zu Köln und der Fakultät für Sprachwissenschaften und Literatur, Geisteswissenschaften, Kunst und Erziehungswissenschaften der Universität Luxemburg.

Literatur

Bourdieu, P. (2006). Die Praxis einer reflexiven Anthropologie. Einleitung zum Seminar an der Ecole des hautes Etudes en sciences sociales. Paris, Oktober 1987. In: Bourdieu, P & Wacquant, L.J.D. *Reflexive Anthropologie* (S. 251–294). Frankfurt a. M.: Suhrkamp.

Fiske, J. (1993). Elvis: Body of Knowledge. Populäre und offizielle Formen des Wissens um Elvis Presley (S. 19–51). Montage AV, 2,1.

Freud, S. (1976/1900). *Die Traumdeutung. Gesammelte Werke* (Bd. II/III). Frankfurt a. M.: Fischer.

Gillain, A. (1991). *François Truffaut. Le secret perdu.* Paris: Hatier.

Hirschhauer, S., Kalthoff H. & Lindemann, G. (Hrsg.) (2008). *Theoretische Empirie. Zur Relevanz qualitativer Forschung.* Frankfurt a. M.: Suhrkamp.

Hirschhauer, S. (2008). Die Empiriegeladenheit von Theorien und der Erfindungsreichtum der Praxis. In Hirschhauer, S., Kalthoff H. & Lindemann, G. (Hrsg.). *Theoretische Empirie. Zur Relevanz qualitativer Forschung* (S. 169–187). Frankfurt a. M.: Suhrkamp.

Kalthoff, H. (2008). Einleitung: Zur Dialektik von qualitativer Forschung und qualitativer Theoriebildung. In Kalthoff, H., Hirschauer, S. & Lindemann, G. (Hrsg.), *Theoretische Empirie. Zur Relevanz qualitativer Forschung* (S. 8–32). Frankfurt a. M.: Suhrkamp.

Metz, Chr. (1968). *Essai sur la signification au cinéma, tome I,* Paris: Klincksieck.

Pazzini, K.-J. (2007). Liebe, Medium, Schnitt. In Decke-Cornill, H. & Luca, R. (Hrsg.), *Jugendliche im Film – Filme für Jugendliche. Medienpädagogische, bildungstheoretische und didaktische Perspektiven* (S. 45–58). München: kopaed.

Pazzini, K.-J. & Zahn, M. (2016). Spielfilme als empirische Quellen zur Erforschung des Lehrens. In Meseth, W. et al (Hrsg.), *Empirie des Pädagogischen und Empirie der Erziehungswissenschaft. Beobachtungen erziehungswissenschaftlicher Forschung* (S. 147–156). Bad Heilbrunn: Klinkhardt.

Weber, J.-M. (2013). Analyse d'entretiens auprès d'enseignants stagiaires à partir de séquences de cours filmées. Les conditions de possibilité du travail d'analyse vidéographique. In AREF 2013: Actualité de la Recherche en Éducation et en Formation, Actes du congrès Congrès: http://www.aref2013.univ-montp2.fr/cod6/?q=content/1956-analyse-d'entretiens-auprès-d'enseignants-stagiaires-à-partir-de-séquences-de-cours-fil. Zugriffen: 11.12.2017.

Zizek, S. (2000). *Lacan in Hollywood.* Wien: Turia + Kant.

Fußtritte: *The Miracle Worker* und die Gewalt des Spracherwerbs

Johannes Binotto

Am Anfang ist nicht das Wort, sondern die Unterbrechung.

„Der Meister unterbricht die Stille mit irgendwas – einem Sarkasmus, einem Fußtritt. So geht in der Technik des *Zen* der buddhistische Meister vor auf seiner Suche nach dem Sinn. Er überträgt den Schülern selber die Antwort zu suchen auf ihre eigenen Fragen. Der Meister lehrt nicht *ex cathedra* eine bereits fertige Wissenschaft. Er gibt die Antwort, wenn die Schüler an dem Punkt sind, sie selber zu finden." (Lacan 1975, S. 7).

Es sind dies die Eröffnungsworte, mit denen der Psychoanalytiker Jacques Lacan im November 1953 sein erstes, den technischen Schriften Freuds gewidmetes Seminar beginnt. Die markigen Worte markieren somit nichts weniger als Anfang und Absichtserklärung des eigenen, sich über 27 Seminare erstreckenden Unterrichts und machen bündig klar, was Lacan überhaupt unter Lehre versteht: eine Technik der Unterbrechung. So wie der Zen-Meister die Stille unterbricht, versteht auch der Psychoanalytiker seinen Unterricht als Intervention im wörtlichen Sinne: Der Lehrer verteilt Zäsuren, anstelle von Zensuren. Die Lücke tritt an die Stelle des fixfertigen Wissens.

© Springer Fachmedien Wiesbaden GmbH, ein Teil von Springer Nature 2018
J.-M. Weber et al. (Hrsg.), *Lehre im Kino*, Medienbildung und
Gesellschaft 38, https://doi.org/10.1007/978-3-658-17014-1_2

1   Differenz

Tatsächlich ist diese Methode der Unterbrechung der zentrale Kerngedanke nicht
nur von Lacans Unterricht, sondern auch seiner analytischen Praxis und trifft mithin ins Herz seiner Auffassung von Zeitlichkeit und Sprache. Wie Nicolas Langlitz
in seiner Studie zu Lacans Praxis der variablen Sitzungsdauer eindrücklich gezeigt hat, war dessen berüchtigte Methode, Analyse-Sitzungen unvermittelt abzu-
brechen, wann immer es ihm angebracht schien, weit mehr als nur jene willkür-
liche Ausübung von Macht, als die sie von manchen Kollegen kritisiert wurde.
Vielmehr ist darin der Versuch zu sehen, mittels Unterbrechungen das hervorzuheben, was der Analysand selber gesagt hat, ohne dass dabei das Gesagte allzu
schnell von den deutenden Worten des Analytikers zugedeckt und verdrängt wird.
Die Unterbrechung, so despotisch sie erscheinen mag, ist zugleich eigentlich ein
Akt der Zurückhaltung vonseiten des Analytikers, der seine Deutung zurückbe-
hält. Die Unterbrechung ist zwar ein vehementer Einspruch des Analytikers, dabei
aber einer, der keine fertige Antwort gibt, sondern vielmehr dem Analysanden
Rätsel aufgibt und diesen auf sein eigenes Sprechen zurückverweist. So wie der
Zen-Meister, der, wie es oben heißt, „den Schülern [überträgt] selber die Antwort
zu suchen auf ihre eigenen Fragen" verkündet auch der Analytiker seinem Analysanden nicht *ex cathedra* die Interpretation seines Sprechens, sondern bricht die
Sitzung in jenem Moment ab, wo die Analysanden „an dem Punkt sind, die Antwort selber zu finden" – eine Antwort mithin, die bereits in ihrem eigenen Sprechen enthalten ist.

> „Statt sich nach der Uhr zu richten, die dem Geschehen in der Analyse äußerlich ist,
> orientierte sich Lacan an dem, was seine Analysanden sagten. Wenn er glaubte, ein
> wahres Sprechen herauszuhören, dann nahm er mit der Unterbrechung darauf Be-
> zug. [...] Dahinter stand der Gedanke, dass dem Analysanden die Bedeutung seiner
> Symptome nicht aufoktroyiert werden sollte. Obwohl er sich in der Analyse in die
> Position desjenigen begeben muss, der nicht weiß, sondern darauf vertraut, dass der
> Analytiker ihn besser versteht als er sich selbst, kann eigentlich nur er selbst um
> seine Wahrheit wissen. Die Kehrseite der Brutalität, mit der dem Patienten das Wort
> abgeschnitten wurde, war die Behutsamkeit, mit der Lacan den Sinn des in der Ana-
> lyse zu Tage geförderten Materials behandelte." (Langlitz 2005, S. 144–145.)

Indes wäre es falsch, in dieser vom Analytiker praktizierten „Zeichensetzung",
welche mittels Unterbrechung Signifikantes in der Rede des Analysanden gleichsam wortlos zu markieren vermag, einen Gegenentwurf zur menschlichen Sprache
zu sehen. Vielmehr verhält sich diese Methode der Unterbrechung zum Wesen der
Sprache absolut immanent. Denn auch die Sprache selbst ist letztlich als eine Ab-

folge von Unterbrechungen bestimmt. So jedenfalls definiert sie bereits Ferdinand de Saussure, wenn er in jener berühmten Zeichnung seines *Cours de linguistique générale* die Laut- und die Sinnebene der menschlichen Sprache als zwei Nebelschwaden skizziert, als „verschwommenes Gebiet" (*royaume flottant*), welches in Tranchen geschnitten werden muss, damit überhaupt erst sprachliche Zeichen entstehen können. Das amorphe Sprachmaterial muss also skandiert und unterbrochen werden, um die so entstehenden Teile einander gegenüberstellen zu können. Erst in dieser gegenseitigen Abgrenzung der einzelnen Zeichen entsteht deren Wert (vgl. Saussure 1979, S. 155–169). Bedeutung entpuppt sich somit als Resultat differierender Unterbrechungen. Pausen, Leerstellen, Interpunktionen, Intervalle – sie sind, wie Jacques Derrida in seiner Saussure-Lektüre hinweist, der Sprache nicht äusserlich, sondern konstituieren überhaupt erst deren Bedeutung (vgl. Derrida 1983, S. 118). Als Mittel der Unterbrechung zeigt sich in ihnen genau das Wesen der Sprache, welche Saussure zufolge, ja überhaupt nur aus Verschiedenheiten besteht: „Dans la langue il n'y a que des différences" (Ebd. S. 166).

2 $

Es ist diese, von Unterbrechungen durchzogene, ja überhaupt nur aus Unterbrechungen bestehende Sprache, welche in den Interpunktionen des Analytikers zu ihrem Recht kommen soll. Darüber hinaus aber will die Analyse auch zeigen, wie das sprechende Subjekt, insofern es sich auf diese differierenden Unterbrechungen der Sprache einlässt, sich auch selber als Unterbrochenes erfährt. „Das Ich sei nicht Herr im eigenen Haus" heißt es bei Freud (Freud 1947, S. 11) und dasselbe gilt mithin auch für seine angebliche Heimat in der Sprache. Das Subjekt, welches sich in einer endlos differierenden Sprache ausdrücken muss, kann denn auch nicht anders, als sich dabei unweigerlich immerzu selber zu verfehlen und als mit sich selbst uneins zu erkennen. Dies ist denn auch der Grund, warum Lacan dieses sprechende Subjekt als gespaltenes Subjekt anschreibt, als „sujet barré" ($), wobei der das S durchkreuzende Balken für die Unterbrechung steht, für die „Spaltung, welche das Subjekt durch seine Unterwerfung unter den Signifikanten erleidet" (Lacan 1966b, S. 816).

Die Sprache zu erlernen, bedeutet folglich, in deren Spiel der Unterbrechungen einzutreten, sich diesem zu unterwerfen und sich dabei selber unterbrechen zu lassen. Diese Erfahrung der Unterbrechung aber ist und bleibt eine gewaltsame Lehre. Nicolas Langlitz schreibt mit gutem Grund von der „Brutalität", mit welcher Lacan seinen Analysanden die Unterbrechungen der Sprache zu spüren gibt, indem er ihnen das Wort abschneidet. Und Lacan selber ist in seiner eingangs zitierten Rede sogar noch expliziter, wenn er den Zen-Meister (und mithin auch den Analytiker) als einen schildert, der die Stille des Nicht-Sinns wenn nötig auch mit körperlicher Gewalt unterbricht: Der Lehrer beginnt seinen Unterricht mit einem Fußtritt.

Freilich wird jeder Pädagoge solch ein gewalttätiges Bild von Unterricht sogleich ablehnen müssen, ist doch die Ausübung körperlicher Gewalt im Klassenzimmer aus gutem Grunde tabu. Und trotzdem täuscht sich, wer glaubt, die wohl grundlegendste Lehre, in welche sich das menschliche Subjekt begibt, der Erwerb der Sprache, sei ganz ohne Gewalt zu haben. Der Ein-Tritt in die symbolische Ordnung mit ihrer Logik der Unterbrechung, wird ganz ohne schmerzhafte Fußtritte nicht geschehen können.

3   Ein Fall von Spracherwerb

Wie gewalttätig das Lehren und Lernen der Sprache in Wahrheit ist und wie viel mehr es mit Fußtritten zu tun hat, als man sich eingestehen möchte, zeigt ein Film besonders anschaulich, der nichts weniger als den vielleicht berühmtesten Fallbericht von Spracherwerb zum Thema hat. *The Miracle Worker* von Arthur Penn aus dem Jahr 1962, nach dem Theaterstück von William Gibson, erzählt die auf ihrer Autobiografie beruhende Geschichte der 1880 in Alabama geborenen Helen Keller, die im Alter von 19 Monaten in Folge einer Hirnhautentzündung ihr Seh- und Hörvermögen verlor und später berühmt werden sollte als die erste Taubblinde Amerikas, die trotz ihrer Behinderung so gut Lesen und Sich-Ausdrücken lernte, dass sie auch einen Hochschulabschluss erlangte. Als Schriftstellerin und politische Aktivistin avancierte Keller zu einer der meist porträtierten Persönlichkeiten ihrer Zeit, deren außergewöhnliche Lebensgeschichte bereits zu Lebzeiten in zahlreichen Medienformaten kursierte, sei es in diversen schriftlichen Selbstzeugnissen sowie zahllosen Berichten über sie, aber auch als Stummfilm-Melodram *Deliverance* von 1919 (in dem Keller selbst auftritt), in Newsreel- und Dokumentarfilmaufnahmen, sowie, vor allem, in Form unzähliger Fotografien ihrer Person. Selbst nach ihrem Tod hört Helen Keller nicht auf, das kulturelle Imaginäre umzutreiben und unablässig weitere Texte und Bilder zu generieren, bis in die unmittelbare Gegenwart hinein. So verdichten sich an der Person Helen Kellers und ihrem kulturellen Nachleben in außergewöhnlichem Maße eine Vielzahl brisanter Fragen zu Bildpolitik und Medialität, zum Verhältnis von Behinderung und Darstellung oder zu Sprache und Imagination, wie dies unlängst in dem von Ulrike Bergermann herausgegebenen Sammelband *Disability Trouble: Ästhetik und Bildpolitik bei Helen Keller* schlagend vor Augen geführt wurde (vgl. Bergermann 2013).

Einen nicht unwesentlichen Anteil an dieser anhaltenden Faszination für Helen Keller dürfte mithin der Film *The Miracle Worker* gehabt haben, der neben zahlreichen anderen Filmpreisen den beiden Hauptdarstellerinnen je einen Oscar einbrachte. Penns Film, wie schon William Gibsons Theaterstück, konzentriert sich dabei auf die Schilderung jenes Zugangs zur Sprache, den die siebenjährige Helen Keller dank ihrer Hauslehrerin Anne Sullivan erlangt. Der Film inszeniert diesen Spracherwerb als ein Erweckungsdrama, in dessen Folge sich das zuvor wilde, tierähnliche Kind erst zu einem zivilisierten Subjekt wandelt.[1]

Dieses „Wunder" einer Geburt in die Sprache, welches bereits der Titel verspricht, ereignet sich in Penns Film als Akt brutaler Gewalt: Die Erziehung des wilden Kindes verläuft über verschiedene gewaltsame Eingriffe, etwa wenn die Lehrerin das Kind von seinen, dem Kind keinerlei Grenzen setzenden Eltern trennt, um es einzig von sich und ihrem Unterricht abhängig zu machen.

4 Zweikampf

Gewiss am extremsten zeigt sich die Gewalt dieses Unterrichts aber in einer Szene, die in ihrer Exzessivität den Höhepunkt des Films darstellt: Beim gemeinsamen Mittagessen beobachtet die eben frisch zur Familie gestoßene Lehrerin Anne Sullivan, wie die taubblinde Helen, um den Tisch herumtastet und dabei in jeden Teller der Familienmitglieder greift, um sich daraus eine Handvoll Essen in den Mund zu stopfen, ohne dass jemand, weder Helens Vater, ihre Mutter, noch ihr Bruder sich daran stören, ja überhaupt darauf reagieren würden. Als jedoch Helen auf ihrem Rundgang um den Tisch auch beim Platz der Lehrerin ankommt und sich auch von ihrem Teller bedienen will, packt diese ihre Hand und stößt das Kind mit einer ruppigen Bewegung fort (vgl. Abb. 1).

---

1 Zum Topos des „wilden Kindes", wie er in den Darstellungen Helen Kellers aufgegriffen wird, siehe Sykora 2013, insb. S. 57–64.

Abbildung 1   DVD-Still aus *The Miracle Worker* © Twentieth Century Fox 2004

Erst das lässt den Familienvater in seiner Diskussion mit dem Sohn über den Bürgerkrieg innehalten und fragen: „What's the matter?" Und die Mutter wird sogleich der neuen Lehrerin erklären, dass das Kind halt daran gewöhnt sei, sich von den verschiedenen Tellern selbst zu bedienen. „But *I* am not accustomed to it!" – „Aber *ich* bin daran nicht gewöhnt!" antwortet die Lehrerin darauf und bringt schließlich die Familie dazu, sie mit Helen im Esszimmer allein zu lassen. Was sich darauf entspinnt ist ein Zweikampf den Penn und sein Kameramann Ernesto Caparrós in einer sagenhaft langen Sequenz von gut zehn Minuten exaltierter Körperaktion vorführen. Unterricht wird hier buchstäblich zur Angelegenheit von Fußtritten – und noch mehr. In einer sagenhaften Parforce-Leistung ziehen, stoßen, zwicken, kratzen und schlagen sich die beiden Darstellerinnen bis zum Zusammenbruch. Wenn die Lehrerin das Kind auf einen Stuhl zwingt, springt dieses sogleich wieder auf, versucht zu entwischen, indem es über oder unter den Tisch klettert. Die Lehrerin reißt sie zurück auf ihren Platz. Das Kind schlägt die Lehrerin, die Lehrerin schlägt zurück. So geht es hin und her. Hat Helen das Essen von ihrem eigenen Teller gegessen und soll nun einen Löffel benutzen, wirft sie diesen von sich. Anne packt das Kind, ringt es zu Boden und zwingt es, den Löffel wieder aufzuheben. Will Helen sich das Essen statt mit dem Löffel mit der Hand in den Mund stopfen, pult ihr Anne die Brocken sogleich und gewaltsam wieder aus dem Mund und steckt ihr einen weiteren Löffel in die Hand, den das Kind wiederum wegwirft. Und als es Anne mit aller Aufbietung ihrer Kraft schließlich gelingt, das

Kind dazu zu zwingen, sich einen Löffel mit Nahrung in den Mund zu stecken, tastet diese nach der Lehrerin, um sie mit allem wieder anzuspucken. In Antwort darauf nimmt die Lehrerin einen Krug voll Wasser und leert ihn dem Kind ins Gesicht. Während das Kind noch erschrocken japst, zwingt die Lehrerin erneut einen Löffel Essen in seinen Mund und schreibt mit dem Fingeralphabet (welches das Kind erst noch wird lernen müssen) „Good girl Helen" in dessen Hand. Danach führt sie die Hand des Kindes an ihren nickenden Kopf, um ihr so zu verstehen zu geben, dass sie ihre Lektion gelernt habe. Das Kind hingegen wird sogleich an den Haaren der Lehrerin reißen. Der Kampf geht weiter, Körper an Körper und offenbar über Stunden (vgl. Abb. 2).

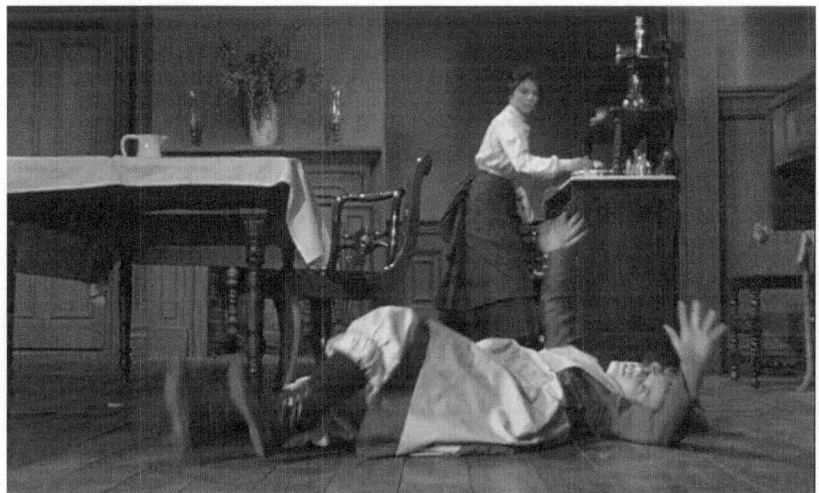

Abbildung 2   DVD-Still aus *The Miracle Worker* © Twentieth Century Fox 2004.

Als Anne Sullivan schließlich zusammen mit Helen aus dem Haus hinaus auf die Veranda tritt, kann sie der Mutter erklären, das Kind habe selber mit einem Löffel vom eigenen Teller gegessen und die Serviette gefaltet. „The room's a wreck, but her napkin is folded".

5   Attraktion

Erschöpft sind zu diesem Zeitpunkt nicht nur die Figuren, sondern auch das Publikum, das etwas mitangesehen hat, das es in dieser körperlichen Intensität im Kino wohl noch selten erlebt hat.

Die Szene geht an den Rand des Zusammenbruchs – den Zusammenbruch von Lehrerin und Kind, den Zusammenbruch aber auch der Narration des Films. Die Filmerzählung scheint für die Dauer von atemberaubenden zehn Minuten den Atem anzuhalten. Narration wird ausgesetzt, scheint sich zu verlieren im Spektakel einer Actionsequenz, die so fesselnd ist, dass man alles andere dabei zu vergessen droht.

Die Esszimmer-Szene von *The Miracle Worker* ist eine Attraktion – im landläufigen Sinne ebenso, wie auch in jenem spezifischen, den Sergej Eisenstein in seinen frühen theater- und filmtheoretischen Texten entwickelt.

In seinem Aufsatz *Montage der Attraktionen* bringt Eisenstein die „Attraktion" als Kampfbegriff gegen das abbildend-illusionistische Erzähltheater in Stellung. Entscheidend ist dabei für Eisenstein, dass sich die Attraktion nicht einfach nahtlos in eine Erzählhandlung einreihen lässt, sondern diese vielmehr durchbricht, auf den Zuschauer hin. Die Attraktion sei ihm zufolge jenes „aggressive Moment des Theaters […] das den Zuschauer einer sinnlichen oder psychologischen Einwirkung aussetzt" (Eisenstein 2006, S. 10) und welches, wie Eisenstein in seiner späteren Ausweitung der Attraktions-Montage auf den Film schreiben wird, das Publikum „in einer gewünschten Richtung" bearbeitet (S. 15). Attraktion ist mithin „Erschütterung", im psychischen ebenso wie im physischen Sinne: Sie ist eine Attacke, welche den gewohnten Verlauf der Erzählung unterbricht und den Zuschauer gerade dadurch in Aufruhr versetzt. Das ist durchaus auch körperlich gemeint. Nicht umsonst verweist Eisenstein in diesem Zusammenhang auf die Körperverstümmelungen im berüchtigten Grand-Guignol-Theater, mit seinen exzessiven Inszenierungen etwa des Augenausstechens oder des Abschlagens von Gliedmaßen (Ebd. S. 11) oder auf die Montage von Großaufnahmen im Film, welche „das Zudrücken einer Kehle, die stark hervortretenden Augen […] das Andie-Wand-Spritzen von Blut, das Zubodenfallen des Opfers" zeigen (Ebd. S. 17). Die Gewalt der Attraktion zielt auf den Körper, genau so wie der Fußtritt im Zitat Lacans, und hier wie dort geht es darum, den gewohnten Lauf der Dinge zu stören. Doch wie der unterbrechende Fußtritt, auf den Lacan hinweist, ist auch die Erschütterung der Attraktion bei Eisenstein gleichwohl nicht spektakulärer Selbstzweck, sondern buchstäblich eine Lektion, die den Zuschauer aus seiner Lethargie herausreißen, ihn zur eigenen Agitation bringen soll.

Die Esszimmer-Szene aus *The Miracle Worker* ist das Paradebeispiel einer solchen „Montage der Attraktionen", sowohl in ihrer Grand-Guignol-haften Körper-Theatralik als auch in der Art und Weise, wie diese Szene gefilmt und montiert ist. Wie Arthur Penn im Gespräch ausführte, hatte er die besagte Szene ganz in der Art jener „frühen Kurz-Stummfilme drehen wollen, wo sie einfach die Kamera kurbeln ließen" (Crowdus 1993, S. 6). Damit lehnt er sich stilistisch genau an jenes frühe, nicht-narrative Kino an, welches der Filmhistoriker Tom Gunning (in Anlehnung an Eisenstein) prompt *Cinema of Attractions* genannt hat (vgl. Gunning 1986).

6 Erschütterung

Doch worauf richtet sich Penns „Kino der Attraktion"? Worin besteht in besagter Szene die „Erschütterung", welche laut Eisenstein Ziel und Zweck der filmischen Attraktion sein muss? Die erschütternde Erfahrung, die dem Zuschauer widerfährt, ist nichts anderes als die Einsicht, wie sehr der Eintritt in die Sprache selber eine Erschütterung darstellt, bei dem, wie bei einem Erdbeben, ein früherer Zustand zusammenbrechen muss, damit sich der Sinn der Sprache, als Sinn einer Unterbrechung überhaupt erst ereignen kann.

Das taubblinde Kind, welches sich um den Tisch tastet, sich überall etwas nimmt, dabei aber von niemandem wirklich wahrgenommen wird, ist zunächst gefangen in einer gleichsam prähistorisch anmutenden Stille der Indifferenz. Erst als das Kind an den Teller der Lehrerin kommt, widerfährt dieser Monotonie des wahllosen Sich-Vollstopfens eine erste Unterbrechung: Die Lehrerin Anne Sullivan stößt Helen weg und behauptet sich damit als eine, deren Teller nicht zur freien Verfügung steht: „But *I* am not accustomed to it!" Diese Zurückweisung ist brutal und paradoxerweise zugleich auch ein Akt der Wertschätzung, zeigt sich doch gerade in der Zurückweisung eine Anerkennung von Helen als eigener Person. Indem Helen auf den Widerstand von Anne Sullivan stößt, verspürt sie über diese Grenzziehung auch sich selbst. Es geschieht eine Unterbrechung zwischen Helen und ihrer Umgebung und es braucht genau diese Trennung, damit das Ich sich vom Nicht-Ich differenzieren und so überhaupt erst konstituieren kann.

Auch die auf diese initiale Unterbrechung folgenden Schläge Helens gegen die Lehrerin sind in genau dieser Doppeldeutigkeit zu verstehen: Sie sind nicht allein auf den Gegner gerichtet, sondern dienen zugleich auch dazu, dass Helen sich ihrer selbst bewusst werden kann. Dazu passt denn auch jene Geste Helens, wenn sie sich nach dem gegenseitigen Ohrfeigen schließlich selber umarmt (vgl. Abb. 3). Genau darum geht es: Sich selber spüren, jene Grenze betasten, wo man selber aufhört und der andere beginnt.

Abbildung 3   DVD-Still aus *The Miracle Worker* © Twentieth Century Fox 2004

7   Begegnung mit dem Anderen

In dem Gespräch, welches Jean-Bertrand Pontalis mit der Kinderanalytikerin Françoise Dolto über das Theaterstück von Gibson geführt hat, weist Dolto auf das Motiv des Verschlingens hin, wie es Helen praktiziert, wenn sie um den Tisch herumläuft: „[...] die Psychoanalytiker kennen die Tiefe dieser Angst vor dem Verschlungenwerden. Die kleine Keller lebte vor der Ankunft von Miss Sullivan vom Verschlingen [...] Indem sie das *Objekt*, mit dem sie in körperliche Verbindung tritt, verwirft, erschafft sie sich als *Subjekt*, wird sie nicht ihrerseits von all *dem*, was sie nicht ist, verschlungen – es gibt genau genommen keinen *Anderen* für sie zu Beginn des Stücks." (Pontalis 1968, S. 315–316)

Helens Art, von allen Tellern etwas zu nehmen und sich in den Mund zu stopfen, ist also mithin nur die Kehrseite jener bodenlosen Angst, selber verschlungen zu werden, nichts Eigenes zu haben und auch nichts Eigenes zu sein. Anne Sullivans Verweigerung ihren Teller freizugeben, macht mit beidem Schluss: Indem sie Helen wegstößt, macht sie nicht nur klar, dass sie sich nicht vom Kind verschlingen lassen will, sondern auch umgekehrt, dass sie selber das Kind nicht verschlingen wird. Die Lehrerin tut nichts anderes als mit ihrer Geste auszudrücken: „Du bist von mir verschieden und ich von Dir." Damit tritt überhaupt erst die Dimension der Alterität auf, die Dimension des *Anderen*. Mit diesem *Anderen*, der laut Dolto zu Beginn von Helens Geschichte fehlt und erst mit der Lehrerin Anne Sullivan eingeführt wird, ist dabei nicht bloß der *andere* Mensch gemeint, sondern *Andersheit* schlechthin und genauer: die Andersheit der Sprache, ihre Differenz. Der *Andere* ist denn auch Lacans und mithin auch Doltos Name für das durch sinngebende Lücken konstruierte Symbolische per se. Der *Andere* sei Ort der Sprache, wie auch Ort des Mangels, heißt es dazu etwa in Lacans Vortrag mit dem sprechenden Titel „Die Ausrichtung der Kur und die Prinzipien ihrer Macht" (vgl. Lacan 1966a, S. 627). Wenn die psychoanalytische Kur also darauf „ausgerichtet" ist, ein Bewusstsein zu erzeugen, für diesen *Anderen* als Sitz der mit Unterbrechungen operierenden Mangel-Sprache, dann ist dies exakt auch die „Ausrichtung" von Anne Sullivans Unterricht. Und alle Gewalt, die sie dabei anwendet, hat immer nur wieder dies zum Ziel: Alterität einzuführen, die Unterbrechung des Anderen geschehen zu lassen.

Das bedeutet mithin aber auch, dass sich die Lehrerin nicht damit zufrieden geben kann, dem Kind einfach bestimmte Verhaltensmuster aufzuzwingen. Auch wenn es in der Esszimmer-Sequenz den Anschein macht, als würde es hier einzig darum gehen, den Willen des wilden Kindes zu brechen und ihm zivilisiertes Verhalten buchstäblich einzubläuen, geht es in Wahrheit gerade um etwas anderes. „Mit Miss Sullivan beginnt die Dressur; aber in Wahrheit ist das nur eine Etappe und der *Anschein* einer Dressur" meint Françoise Dolto dazu (Pontalis 1968, S. 317).

Damit ist eigentlich die grundlegende Paradoxie des Spracherwerbs an sich bezeichnet: Man lernt die Sprache, man unterzieht sich ihrer Dressur, doch nicht um sich von ihr gefangen nehmen zu lassen, sondern um sich dank ihrer frei ausdrücken zu können. Die Unterwerfung unter die Logik der Sprache dient zum Ausbruch.

8   Wider die Dressur

Es ist in diesem Zusammenhang denn auch signifikant, dass Helens Vater ausgerechnet der Lehrerin vorwirft, sie sei unanständig und unzivilisiert in ihrer Aufsässigkeit und ihrem Eigenwillen. So wenig die Lehrerin Anne Sullivan in diesem Film dargestellt wird als eine dressierte Frau, so wenig geht es ihr darum, aus Helen ein dressiertes Kind zu machen. Es hieße ja, die Unterbrechung, das Differentielle der Sprache gerade verleugnen, wenn Spracherwerb nur auf ein Befolgen der Regeln herauslaufen würde. Demgegenüber muss die Psychoanalyse vielmehr darauf insistieren, dass Effekt der Sprache weniger die Konformität, als vielmehr die Subversion ist, nicht Eingliederung, sondern Öffnung auf anderes hin.

Als eigentlich eine revolutionäre „Praktik der Brüche" bezeichnet Félix Guattari in seiner Korrespondenz mit Gilles Deleuze die Psychoanalyse, wobei er Lacan durchaus die Fähigkeit attestiert, all seinen „Bestrebungen zur Normalisierung" zum Trotz, immer auch die Fähigkeit bewahrt habe, das sprachliche Zeichen „rutschen" zu lassen und es zu „deterritorialisieren" (vgl. Guattari 2006, S. 88–89).[2] Sprache ist aus Lacanianischer Perspektive (und entgegen Lacans scheinbaren Bestrebungen zur Axiomatisierung der Sprache) gerade nicht als totalisierbares, abschließbares System zu denken, sondern als Feld, in dem „*immer* etwas Anormales auftaucht, etwas Unbeschreibbares, Unerklärliches: eine Aporie" (Fink 2006, S. 54). Und so darf denn auch die Lehre der Psychoanalyse nicht auf Anpassung hinauslaufen. Entgegen verbreiteten Auffassungen, die analytische Arbeit diene dazu, den Patienten wieder *fit* für die Gesellschaft zu machen („fit" hier verstanden durchaus auch im Sinne seiner ursprünglichen englischen Bedeutung von „passen"), hat sich die Lacan'sche Psychoanalyse gerade nicht an solchen Normen aus-

---

2   Der Vorwurf von Gilles Deleuze und Félix Guattari an die Adresse der institutionalisierten Psychoanalyse, diese sei ein normatives, reduktionistisches „System der Zurechtstutzungen" geworden (Deleuze 1993, S. 30 und vgl. Deleuze u. Guattari 1977), trifft denn auch nur bedingt auf Lacan zu. Tatsächlich deklariert dieser selber die Psychoanalyse als anti-normativ und subversiv. Besonders explizit etwa in seinem Seminar der Jahre 1969–70 „L'envers de la psychanalyse", wo bereits der Titel klar macht, dass die Psychoanalyse gerade nicht als Durchsetzung von Normen, sondern vielmehr als radikalen Umsturz und buchstäbliche Umkehrung (*l'envers*) von Herrschaftsdiskursen zu verstehen sei (vgl. Lacan 1991).

zurichten, sondern ist vielmehr angehalten, bei ihren Analysanden gerade das zu unterstützen, was aus dem engen Rahmen der Norm ausbricht (Vgl. ebd. S. 189). Von daher erklärt sich denn auch ein grundlegendes Missverständnis, dem in *The Miracle Worker* Helens Eltern aufsitzen. Die Eltern erhoffen sich von der neuen Hauslehrerin Anne Sullivan, dass diese ihr Kind zähmen und häuslicher machen möge. Sie verstehen unter Zivilisierung denn auch vor allem Disziplinierung: eine Dressur. Der Lehrerin hingegen geht es um etwas ganz anderes, wenn nicht sogar um das genaue Gegenteil von Dressur: um den Ausbruch Helens mittels Sprache.

Das wird spätestens dann klar, wenn Helen, nachdem sie vierzehn Tage lang in Isolation unterrichtet wurde, in den Kreis der Familie zurückkehrt. Während der Vater ganz begeistert ist, wie wenig aggressiv das Kind sich nun verhält und der Lehrerin überschwänglich für ihren Unterricht dankt, ist diese alles andere als zufrieden. Zwar kann Helen die Gesten des Handalphabets, welche die Lehrerin ihr vormacht, mittlerweile gut imitieren, doch die Gesten haben nicht den Wert von sprachlichen Zeichen. Es ist ein Dressur-Kunststück, welches Helen beherrscht, aber nicht Sprache. Sie habe dem Kind eine einzige Sache beigebracht, meint die Lehrerin zum Vater: „No! Don't do this, don't do that!" Dabei habe sie ihr beibringen wollen, was Sprache sei, denn ohne diese sei der bloße Gehorsam nur ein weiteres Gefängnis: „Obedience without understanding is a blindness."

Der Vater nickt verständnisvoll, in Tat und Wahrheit aber begreift er nicht, dass das, was sich die Lehrerin für das Kind wünscht, letztlich auch seinen eigenen polternden Despotismus infrage stellen würde. Oder pointiert formuliert: Was sich die Lehrerin wünscht, ist nicht, dass Helen das „Nein" des Vaters einfach blind akzeptiert, sondern vielmehr, dass sie fähig wird, auch selber „Nein" zum Vater zu sagen – genau so übrigens, wie auch die Lehrerin Anne Sullivan immer wieder „Nein" zum Vater sagt (was ja, wie bereits erwähnt, von diesem als unzivilisiertes Verhalten der Lehrerin gewertet wird).

9   Fortsetzung des Unterrichts

Unmittelbar nach diesem Gespräch mit dem Vater zum Ende des Films kommt es erneut zu einer Esszimmerszene, die offensichtlich als Gegenstück zur ersten angelegt ist: Die vormals um den Tisch herumgehende, wahllos sich bedienende Helen ist nun soweit gezähmt, dass sie wie die anderen Familienmitglieder auf ihrem Stuhl am Tisch sitzt. Die familiäre, patriarchale Ordnung scheint endlich hergestellt. (Fast) alle sind zufrieden. Da bemerkt die Lehrerin – notabene als einzige – wie Helen langsam ihre Serviette löst und sie neben ihren Stuhl zu Boden fallen lässt.

Abbildung 4   DVD-Still aus *The Miracle Worker* © Twentieth Century Fox 2004

Die Lehrerin hebt sie auf und legt sie dem Kind wieder an. Da zieht Helen die Serviette erneut weg und lässt sie zu Boden gleiten. Erneut legt die Lehrerin sie ihr
an. Und noch ein drittes Mal lässt das Kind die Serviette zu Boden fallen. Da aber
nimmt Anne Sullivan dem taubblinden Kind den Teller weg, pult ihr die Bissen,
die sie bereits im Mund hat, wieder gewaltsam heraus. Und wie in der früheren
Esszimmerszene beginnt das Kind wild auf den Tisch zu trommeln und mit den
Füßen zu stampfen.

Die frühere Szene, mit ihrem Kampf Körper an Körper scheint sich zu wiederholen. Doch droht man ob dieses Wiedererkennens die entscheidende Differenz
zwischen dieser und der früheren Szene zu übersehen: In der ersten Szene war es
die Lehrerin Anne Sullivan gewesen, welche mit der Weigerung, ihren Teller freizugeben, für jene Unterbrechung gesorgt hat, dank welcher der Unterricht überhaupt erst beginnen konnte. Hier nun aber ist es ihre Schülerin Helen, die mit ihrer
verweigernden Geste des Serviette-Fallenlassens für eine Unterbrechung sorgt.
Natürlich ist diese Geste Auflehnung gegen die Lehrerin, ein Test, wie sich diese
verhalten wird. Vor allem aber ist es eine Geste, die zeigt, dass auch das Kind sich
nicht zufriedengeben will mit dem blinden Gehorsam. Der Unterricht, so zeigt
die Geste des Kindes an, ist noch nicht zu Ende. Nahtloses Funktionieren am
Esstisch ist nicht genug. Statt das Dressurverhalten einfach beizubehalten, wird
es gestört und unterbrochen. War es vorher die Stille des Verschlingens, welche
unterbrochen werden musste, ist es hier nun das nicht minder klaustrophobische

Gefängnis des blinden Gehorsams, das zerbrochen werden muss. Der Unterricht soll weitergehen.

Die Eltern indes halten es für eine bloße Zwängerei der Lehrerin, dass sie diese kleine Geste der Übertretung so ernst nimmt und dem Kind gleich ihren Teller wegnehmen will. In falscher Großzügigkeit möchten sie darüber hinwegsehen, schließlich sei das heute mit der Rückkehr Helens in den Kreis der Familie ein Festtag, an dem man ruhig auch mal großzügig sein dürfe. „Seien Sie ruhig großzügig", meint darauf die Lehrerin lakonisch. „Es geht ja auf Kosten des Kindes."

Nur die Lehrerin versteht Helens Geste als jene signifikante Unterbrechung, als die sie wahrgenommen werden möchte: Anlass, den Unterricht fortzusetzen und nicht nachzulassen, im Versuch, dem Kind die differierende Sprache beizubringen. Und wieder geschieht die Fortsetzung gewalttätig, als Attraktion im Eisenstein'schen Sinne: Nach der Serviette wird alsbald auch der Löffel weggeworfen. Die Lehrerin wird in die Hand gebissen und diesmal ist sie es, die mit Wasser übergossen wird.

Und wieder verläuft auch die Fortsetzung des Unterrichts mit einer Trennung von der Familie, wobei es diesmal die Lehrerin mit Helen ist, welche das Esszimmer verlässt, um beim Brunnen frisches Wasser zu holen. „Don't interfere in any way. I treat her like a seeing child because I ask her to see. I expect her to see", schreit die Lehrerin der versammelten Familie zu.

Draußen beim Brunnen kommt es endgültig zum Durchbruch, zum Moment der Einsicht ins Wesen der Sprache: Während die Lehrerin am Brunnen pumpt und mit dem Handalphabet das Wort „Water" in Helens Hand buchstabiert, scheint das Kind plötzlich zu begreifen: Es wirft den Krug fort und hält beide Hände unters Wasser. Und dann, in einer unglaublichen körperlichen Anstrengung versucht sie etwas zu artikulieren: „Wah… Wah…" viermal hintereinander. Erneut buchstabiert ihr die Lehrerin das Wort „Water" mittels Handalphabet und das Kind wiederholt die Zeichen mit seinen eigenen Fingern. Sogleich stößt das Kind die Lehrerin fort, tastet selber nach der Pumpe, bringt selber weiteres Wasser hervor und macht die dazugehörigen Zeichen mit ihrer Hand. Wie in einem Dominoeffekt wird das Kind in rasender Eile den Erdboden, die Pumpe, den Baum, die Stufen zum Haus, die Glocke und schließlich Mutter und Vater und am Ende die Lehrerin ertasten, sich von der dabei die entsprechenden Namen in die Hand buchstabieren lassen und anschließend selber nachbuchstabieren. Die Dressur ist zu Ende. Die Sprache beginnt.

Der Film inszeniert diesen Erweckungsmoment recht nah an Helen Kellers autobiografischer Schilderung:

„We walked down the path to the well-house, attracted by the fragrance of the honeysuckle with which it was covered. Someone was drawing water and my teacher placed my hand under the spout. As the cool stream gushed over one hand she spelled into the other the word water, first slowly, then rapidly. I stood still, my whole attention fixed upon the motions of her fingers. Suddenly I felt a misty consciousness as of something forgotten – a thrill of returning thought; and somehow the mystery of language was revealed to me. I knew then that "w-a-t-e-r" meant the wonderful cool something that was flowing over my hand. That living word awakened my soul, gave it light, hope, joy, set it free! There were barriers still, it is true, but barriers that could in time be swept away." (Keller 1914, S. 23–24).

Der Film inszeniert diesen Moment, wo die Dressur einer bloßen Wiederholung von Gesten plötzlich in ein Verstehen sprachlicher Zeichen umschlägt, indes weniger sanft als dies Keller selber beschreibt, nämlich wiederum als einen Ein- und Unterbruch, eine Skandierung, die erst die Logik der Sprache klarmacht.

10   Fallenlassen

Wenn im Film das Kind den Wasserkrug und schließlich auch sich selber fallen lässt, entspricht das indes dem Bericht, wie man ihn in einem Brief von Helen Kellers Lehrerin Anne Sullivan findet: „I spelled ‚w-a-t-e-r' in Helen's free hand. The word coming so close upon the sensation of cold water rushing over her hand seemed to startle her. She dropped the mug and stood as one transfixed. A new light came into her face. She spelled 'water' several times. Then she dropped on the ground and asked for its name and pointed to the pump and the trellis, and suddenly turning round she asked for my name. I spelled ‚Teacher'.» (Ebd., S. 316).

Dabei scheint dieses Detail des Fallenlassens durchaus bemerkenswert, setzt sich darin doch fort, was bereits im Esszimmer stattfand. Die Serviette wird fallen gelassen. Der Krug wird fallen gelassen. Beides sind Weigerungen, Unterbrüche – als solche aber nicht eigentlich Verweigerung der Sprache, sondern im Gegenteil genau jene Sorte von Unterbrechung, dank welcher die Sprache erst funktioniert.

Auch Françoise Dolto weist in ihrer Diskussion von *The Miracle Worker* auf diesen Aspekt, wie auch auf die Bedeutung des Wassers besonders hin: „Der Durst ist das ursprünglichste Bedürfnis des menschlichen Wesens. Ein krankes Kind, das nichts hinunterschlucken kann, braucht trotzdem Wasser; eine Mutter, die den Hunger nicht stillen kann, kann immer noch den Durst stillen. Und eben durch einen Strom von Flüssigkeit erhält das Kind zuerst Kontakt mit seiner Mutter. Und dann findet die Entdeckung [der Sprache, JB] gerade anlässlich eines *Nein* zum Wasser, einer Weigerung statt, nach dem Kampf, bei dem Miss Sullivan unbedingt will, dass Helen das Wasser, das sie verschüttet hat, wieder in den Krug tut; man kann sagen, dass sich das Kind mit diesem Krug identifiziert: sie will nicht, dass man die Begriffe der Anderen in sie *hinein* tut." (Pontalis 1968, S. 323).

Damit wird erneut klar, wie in *The Miracle Worker* der Eintritt in die Sprache, gerade nicht als Akt der Dressur und Disziplinierung, sondern als Akt der Weigerung und Unterbrechung inszeniert wird. So läßt sich denn auch nicht recht nachvollziehen, warum Heike Klippel und Florian Krautkrämer in ihrer Lektüre von *The Miracle Worker* zum Schluss kommen: „Dass wahre Disziplin erst mit dem Erlernen der Wörter entsteht, und dass sie intrinsisch mit Empathie und Zuneigung verbunden ist – das ist die Aussage des Filmendes" (Klippel, Krautkrämer 2013, S. 250). Während eine solche Formulierung nahelegt, wahre Disziplin sei Ziel des Unterrichts und das Lernen der Sprache nur Mittel zu diesem Zweck, zeigt der Film doch eigentlich das genaue Gegenteil davon. Was bei den Kämpfen zwischen Helen Keller und Anne Sullivan als Disziplinierungsmaßnahme erscheint, als Aufzwingen von Regeln, ist nur der Durchgang zu einer Sprache der Unterbrechung und Öffnung. Es geht nicht darum, ein geschlossenen Systems *ex cathedra* aufzuzwingen, sondern eine (durchaus auch gewaltsame) Unterbrechung einzuführen, in der das Subjekt seine eigenen Antworten zu formulieren vermag.

11 Abstand (um zu) lieben

So hat denn auch, wer im Happy End von *The Miracle Worker* nur eine Harmonisierung sieht, nicht wirklich genau hingeschaut und hingehört. Man übersieht etwa, dass Helen ihre Lehrerin auch und gerade in dem Moment wegstößt, wo dem Kind das Wesen der Sprache aufgeht. Es ist gerade nicht so, dass Helen die Haltung der Verweigerung aufgeben und sich einfach den ihr aufgezwungenen Regeln fügen würde, als vielmehr dass die Unterbrechung, die sie vorher einfach vonseiten der Lehrerin passiv erleiden musste, nun selber aktiv betreiben kann. Helen will selber Wasser pumpen, will selber die Dinge, um sich herum begreifen und macht sich immer wieder los, wenn die Lehrerin oder die verzückten Eltern sie umarmen wollen. Helen braucht die differierende Sprache, ebenso um sich von den andern entfernen, wie auch, um sich ihnen nähern zu können.[3]

---

3   Das ist freilich auch genau die Funktion des von Freud beobachteten Fort-Da-Spiel seines eineinhalbjährigen Enkels, wenn dieser, um die Abwesenheit der Mutter zu verkraften, eine Fadenspule fortwirft und wieder zurückholt, begleitet von den Lauten »o-o-o-o« und »Da«. Was über das Fortwerfen und Zurückholen und über die Minimaldifferenz zwischen den Lauten o und a etabliert wird, ist nichts anderes als Diffe-

Ein ungenauer Blick auf den Film sieht in ihm einen Zähmungsprozess vorgeführt, in dem ein wildes Kind diszipliniert wird. Tatsächlich aber geht es in *The
Miracle Worker* um den umgekehrten Weg, den Ausweg aus dem stummen Aus-
geliefertsein Helens, sowohl an ihr Leiden wie auch an ihre Familie, hin zu einer
Autonomie durch Sprache und deren Methode des Unterbruchs und der Trennung.
Entsprechend sollte man sich hüten, jenen Moment zum Schluss von Helens Er-
weckungsszene, wenn der Vater sein Kind auf den Arm nimmt und ins Haus trägt,
als glückliche Auflösung zu lesen. Die Geste, mit der er das Kind überwältigt und
davonträgt, zitiert die sattsam bekannten Pathosformeln familiären Glücks. Im
Lichte dessen, was der Film uns klar gemacht hat, erscheint diese Geste allerdings
sehr viel problematischer, weniger als Zeichen elterlicher Liebe, sondern eher als
verzweifelter Versuch, das sich befreiende Kind wieder zurück in die Abhängig-
keit zu zwingen.

Arthur Penns Film hört indes nur scheinbar mit jener Re-Installierung der
Kernfamilie aus Vater-Mutter-Kind und somit in dem, was man mit Deleuze und
Guattari als „Sackgasse der Ödipalisierung" bezeichnen könnte (Deleuze 1993,
S. 31). Tatsächlich ist der Film mit dieser Szene, die man zunächst für den Schluss
halten könnte, noch nicht zu Ende. Der tatsächliche Schluss findet signifikanter-
weise denn auch nicht im Inneren des Hauses statt. In der allerletzten Szene sitzt
die Lehrerin Anne Sullivan abends auf der Veranda vor dem Haus.

So wie sie Outsiderin bleibt und nicht wirklich Teil der Familie im Innern werden kann, besetzt sie einen liminalen Raum zwischen Innen- und Außen – Ort der
Differenz.[4] Da kommt Helen tastend zu ihr nach draußen, um sich an ihre Lehrerin
zu kuscheln. Und diese buchstabiert als letzten Satz des Films in die Hand des
Kindes: „I love Helen".

---

renz des Symbolischen, welche es erst erlaubt An- wie auch Abwesenheit der Mutter
aktiv zu erfahren und nicht nur passiv zu erleiden. Vgl. Freud 1940, S. 11–15.

4   Die Assoziation von Heike Klippel und Florian Krautkrämer dieser Veranda-Szene
      mit den berühmten Veranda-Szenen bei John Ford ist denn auch nicht recht überzeu-
      gend, bzw. bleibt zu ungenau. Auch bei Ford, so ließe sich zeigen, ist die Veranda nicht
      einfach „Symbol für die Siedler", sondern liminaler Zwischenraum. Gerade das an
      dieser Stelle erwähnte Ende von Fords *The Searchers* illustriert dies: Ethan Edwards
      als nicht in die Familie integrierbarer Outsider kann zwar die Veranda, nicht aber das
      Haus betreten. Er bleibt in den liminalen Zwischen-Raum verbannt. (Vgl. Klippel,
      Krautkrämer 2013, S. 259). Ungleich fruchtbarer noch als Assoziation erschiene mir
      die Veranda-Szene aus Charles Laughtons *Night of the Hunter*, in der die von Lilian
      Gish gespielte symbolische Mutter diesen Zwischenraum bewacht.

Abbildung 5   DVD-Still aus *The Miracle Worker* © Twentieth Century Fox 2004.

Dabei ist es entscheidend, dass Anne Sullivan nicht etwa die gebräuchlichere und viel eher zu erwartende Formulierung „I love you" benutzt. Auf die Nuance kommt es an. Indem Anne auf den Namen Helens verweist, betont sie deren Eigenheit. Denn das Personalpronomen „you" hat keinen festen Bezug, sondern könnte sich von Sprechakt zu Sprechakt auf jemand anderen beziehen. Oder anders gesagt: „I love you" kann man zu jedem sagen, „I love Helen" hingegen nur zu Helen. „It has a name", so versucht die Lehrerin ihrer Schülerin im Laufe des Films immer wieder zu erklären und so hat auch die Schülerin einen Namen, den es anzuerkennen gilt. Das scheinbar so simple „I love Helen" müsste man demnach umständlich übersetzen als: „Ich liebe Dich, insofern Du Helen heißt. Ich liebe Dich, insofern Du einen eigenen Namen hast, Du also teilhast an dem System der Sprache und doch nicht in diesem aufgehst, als bloß anonymisiertes, unspezifisches ‚Du'."

Interessant ist aber auch, dass die Lehrerin nicht etwa sagt: „Anne loves Helen". So wichtig es ist, Helen bei ihrem eigenen Namen zu nennen und somit zugleich ihre Autonomie und ihr In-der-Sprache-sein zu unterstreichen, so wesentlich ist es aber auch, dass die Lehrerin sich selbst nur als auswechselbares „I" anschreibt. Anne hat denn auch in der Szene am Brunnen, da Helen die Sprache begreift und sich von ihr ergreifen lässt, nicht etwa den eigenen Namen in die Hand geschrieben, sondern vielmehr das Abstraktum „teacher". Anne zeigt damit an, dass sie für Helen nur in ihrer Funktion als Lehrerin relevant ist. In der Beziehung zwischen Anne Sullivan und Helen Keller, so betont auch Françoise Dolto, muss die

Lehrerin zur ihrer Schülerin „ein unbedingt unerotisches Verhalten" gehabt haben (Pontalis 1968, S. 320). Es geht nicht um die erotische Beziehung zwischen den zwei Individuen Anne und Helen, sondern um die Beziehung der sprachlich individuierten Helen zu jenem anonymen *Anderen* der symbolischen Ordnung an sich. Es ist in diesem Moment Anne Sullivan, welche in Vertretung dieses Anderen fungiert, aber auch eine andere Lehrerin, ein anderer Lehrer könnte diese Aufgabe übernehmen. Auch ein anderer Lehrer wird „I love Helen" sagen können. Wer „I" sagt, setzt sich damit selbst als bloßen Platzhalter, als „sujet supposé savoir", jenes nur „supponierte Subjekt des Wissens", wie es bei Lacan heißt und als welches der Psychoanalytiker in der Analyse fungiert (vgl. Lacan 1973, S. 204).[5]

„Man kann nun beruhigt gehen, denn Harmonie herrscht, wo Kommunikation funktioniert" schreiben Heike Klippel und Florian Krautkrämer ironisch über das Ende von *The Miracle Worker* (Klippel, Krautkrämer 2013, S. 259). Tatsächlich müsste man aber nach Lektüre von *The Miracle Worker* gerade umgekehrt formulieren, dass Kommunikation nur funktioniert, wo Disharmonie (im Sinne der Trennung und Unterbrechung) möglich ist. Nur wo „I" und „Helen" sich mittels differierender Sprache kategorial trennen lassen, ist zwischen den Termen, gleichsam in der Lücke zwischen „I" und „Helen" überhaupt erst „love" möglich.

„I don't even love her" erklärt die Lehrerin dem Vater als dieser ihr für die erfolgreiche Dressur Helens gratuliert. Wieder versteht er nicht, dass mit diesem Satz eigentlich auch seine eigene angebliche Liebe für das Kind in Frage gestellt ist. Im Satz „I don't even love her" steckt nämlich die Einsicht, dass man nur lieben kann, was einem nicht hilflos ausgeliefert ist. Ein bloß dressiertes Kind, für das die Sprache nicht existiert und darum auch keine Möglichkeit hat, sich jemanden zu- oder sich von ihm loszusagen, kann die Lehrerin nicht lieben. Erst mit der Trennung der/durch Sprache ist es auch möglich „I love Helen" zu sagen.

„Lieben heißt, in den Abstand einwilligen, den Abstand anbeten zwischen einem selber und dem, was man liebt" heißt es bei Simone Weil (Weil 1952, S. 143). Und wie in Antwort darauf die Mystikerin, sagt Lacan in seinem, der Liebe gewidmeten Seminar *Encore*: „Wissen, was der Partner tun wird, ist kein Zeichen von Liebe." (Lacan 1975, S. 133).

Es ist dies der letzte Satz, mit dem Lacan sein zwanzigstes Seminar und damit auch eine wichtige Etappe seiner Lehre beendet. Vom Fußtritt des Lehrers zur

---

5   Stuart Schneidermann hat darauf hingewiesen, dass die gängige Übersetzung von Lacans Bergriff des „sujet supposé savoir" als „Subjekt, dem Wissen unterstellt wird" falsch ist: „Lacan means by his concept that the subject is supposed and not the knowing." (Sheridan 1980, S. vii).

Liebe des Partners: Was als Gegensatz erscheint, zehrt in Wahrheit vom Selben: der Unterbrechung. Der Unterricht endet, womit er begonnen hatte.

Film

The Miracle Worker. (United States 1962). Regie: Arthur Penn. DVD Twentieth Century Fox 2004.

Literatur

Bergermann, U. (Hrsg.) (2013). *Disability Trouble. Ästhetik und Bildpolitik bei Helen Keller.* Berlin: b_books.

Crowdus, G. & Porton, R. (1993). The Importance of a Singular, Guiding Vision: An Interview with Arthur Penn. In *Cinéaste* Vol. 20, Nr. 2 (S. 4–16).

Deleuze, G. & Guattari, F. (1977). *Anti-Ödipus: Kapitalismus und Schizophrenie.* Frankfurt a. M.: Suhrkamp.

Deleuze, G. (1993). *Unterhandlungen. 1972–1990.* Frankfurt a. M.: Suhrkamp.

Derrida, J. (1983). *Grammatologie.* Frankfurt a. M.: Suhrkamp.

Eisenstein, S. (2006). *Jenseits der Einstellung. Schriften zur Filmtheorie.* Frankfurt a. M.: Suhrkamp.

Freud, S. (1947). Eine Schwierigkeit der Psychoanalyse (1917). In *Gesammelte Werke. Bd. 12,* London: Imago (S. 1–12).

Freud, S. (1940). Jenseits des Lustprinzips (1920). In *Gesammelte Werke. Bd. 13,* London: Imago (S. 1–69).

Guattari, F. (2006). *The Anti-Oedipus Papers. Ed. by Stéphane Nadaud.* New York: Semiotext(e).

Gunning, T. (1986). The Cinema of Attractions: Early Film, Its Spectator and the Avant-Garde. In *Wide Angle* Vol. 8, Nr. 3+4 (S. 63–70).

Keller, H. (1914). *The Story of My Life: With Her Letters (1887–1901) and a Supplementary Account of Her Education, Including Passages from the Reports and Letters of Her Teacher, Anne Mansfield Sullivan, by John Albert Macy.* New York: Doubleday.

Lacan, J. (1966a). La direction de la cure et les principes de son pouvoir (1958). In *Écrits* (S. 585–645). Paris: Seuil.

Lacan, J. (1966b). Subversion du sujet de dialectique du désir dans l'inconscient freudien (1960). In *Écrits* (S. 793–827). Paris: Seuil.

Lacan, J. (1973). *Le séminaire de Jacques Lacan, Livre XI, Les quatres concepts fondamentaux de la psychanalyse.* Paris: Seuil.

Lacan, J. (1975). *Le séminaire de Jacques Lacan, Livre I, Les Écrits Techniques de Freud, 1953–1954.* Paris: Seuil.

Lacan, Jacques. 1991. *Le séminaire de Jacques Lacan, Livre XVII, L'envers de la psychanalyse.* Paris: Seuil.

Langlitz, N. (2005). *Die Zeit der Psychoanalyse. Lacan und das Problem der Sitzungsdauer.* Frankfurt a. M.: Suhrkamp.

Pontalis, J.-B. (1968). Analyse eines Wunders. Gespräch mit Françoise Dolto. In *Nach Freud,* (S. S. 315–330). Frankfurt a. M.: Suhrkamp.

Saussure, F. de (1979). *Cours de linguistique générale. Édition critique prép. par Tullio de Mauro.* Paris: Payot.

Schneiderman, St. (Ed.) (1980). *Returning to Freud: Clinical Psychoanalysis in the School of Lacan*. New Haven, London: Yale University Press.

Sykora, K. (2013). Mit anderen Augen sehen. In Bergermann, U. (Hrsg.), *Disability Trouble. Ästhetik und Bildpolitik bei Helen Keller* (S. 55–79). Berlin: b_books.

Weil, S. (1952). *Schwerkraft und Gnade*. München: Kösel.

Einblick in die Erziehung eines Wolfsjungen

Itard (1801)/Truffaut (1970)*

Anne Goliot-Lété und Sophie Lerner-Seï

Dieser Beitrag verortet sich an einem zweifachen Übergang: am Übergang zwischen Bericht und Wissen einerseits und zwischen zwei Disziplinen – der Erziehungswissenschaft und den Filmstudien – andererseits. *Der Wolfsjunge*, der Film von François Truffaut, schien uns im Zentrum dieser Kreuzung zu stehen – ein geradezu ideales Objekt, da er sowohl von Forschern aus der Erziehungswissenschaft als auch von Filmspezialisten untersucht worden ist. Unser Projekt bestand also darin, zu analysieren, auf welche Weise der Film den Bezug zum Wissen inszeniert, und dabei sowohl den Inhalt des Films zu betrachten als auch die Bilder als solche. Anders ausgedrückt: Wir setzten darauf, dass die Beschäftigung mit den Beziehungen zwischen den Figuren und dem, was diese Beziehungen im Hinblick auf Lehr- und Lernmodalitäten zutage bringen, keineswegs ohne Verbindung sein dürfte mit dem filmischen Wirken der Bilder. Allerdings brachte diese Dialogbereitschaft ihre Probleme mit sich und führte dazu, dass wir bestimmte Überlegungsansätze verwarfen, da sie uns weniger günstig für diesen Dialog erschienen, obwohl sie *a priori* durchaus von Interesse gewesen wären[1].

---

*   Im Original steht für „Wolfsjunge" *jeune sauvage,* wörtlich *junger Wilder* (Anm. d. Übers.).

1   Im Rahmen einer Analyse erzählender Texte wäre es z. B. angemessen gewesen, die Erzählung aus dem Off in der ersten Person, die Umwandlung von Gutachten und Bericht für den Film zu einem Tagebuch, oder die Inszenierung des Schreibens zu untersuchen.

© Springer Fachmedien Wiesbaden GmbH, ein Teil von Springer Nature 2018   37
J.-M. Weber et al. (Hrsg.), *Lehre im Kino*, Medienbildung und
Gesellschaft 38, https://doi.org/10.1007/978-3-658-17014-1_3

Zwei Texte gehören unmittelbar zum Film, deren Adaption er darstellt: das
Gutachten über die ersten Entwicklungen des Victor von Aveyron (1801) und der
Bericht über die Weiterentwicklung des Victor von Aveyron (1806), in denen Dr.
Itard in einem erstaunlich literarischen Stil über sein Unterfangen berichtet, einen
Wolfsjungen, der als der „Wilde von Aveyron" bekannt ist, zu betreuen, zu er-
ziehen und anzuleiten. Erinnern wir uns in groben Zügen an dieses facettenreiche
Ereignis, welches die Massen zu Beginn des 19. Jahrhunderts begeisterte:

> „Kurz vor dem Jahr 1800 wird ein verlassenes Kind von Dorfbewohnern in einem
> Wald in der Nähe von Rodez gefunden. Es wird gefangen genommen und nach Paris
> geschickt, um dort von Wissenschaftlern untersucht zu werden. Vor allem der be-
> rühmte Doktor P. Pinel untersucht ihn und kommt zu dem Schluss, die „völlige Idio-
> tie" des Kindes sei unheilbar. Er überlässt ihn dann seinem jungen Medizinerkolle-
> gen Jean Marc Gaspard Itard, dessen Beobachtung sich an der Hypothese orientiert,
> die Entwicklung der Fähigkeiten des Kindes sei aufgrund seiner langen Einsam-
> keit in den Wäldern unterbrochen worden. Er setzt auf die Erziehbarkeit des jungen
> Victor, sofern dieser in eine Umgebung kommt, in der er gut behandelt und einer
> methodischen und intensiven Anleitung unterzogen wird. Dazu verbleibt das Kind
> am Institut, an dem der Mediziner sich aufhält, und wird einer Gouvernante, Mme
> Guérin, anvertraut. Die erzieherische und therapeutische Behandlung des „Wolfs-
> jungen" durch Doktor Itard findet fünf Jahre lang täglich statt, bis dieser – enttäuscht
> von den erzielten Ergebnissen – es aufgibt, seine Behandlung fortzusetzen, ohne
> dabei die unbestreitbaren Fortschritte seines Schülers seit dessen Ankunft in Paris
> zu unterschätzen."

1   Der Bezug zum Wissen

Von dieser Erzählung ausgehend versuchen wir, die Modalitäten dessen zu erhellen, was wir Dr. Itards *Bezug zum Wissen* bei seiner Erziehung des Kindes nennen
werden. Wir beziehen uns bei der Verwendung dieses Begriffs auf Arbeiten einer
erziehungswissenschaftlichen Forschergruppe der Universität Paris-Nanterre (vgl.
Beillerot et al. 1996), insbesondere im Sinne der Definition von deren Mitglied
Jacky Beillerot (2005):

> „Es handelt sich um einen Prozess, durch welchen das Subjekt, von erworbenem
> Wissen ausgehend, neues einzigartiges Wissen produziert, welches ihm erlaubt, über
> die natürliche und soziale Welt nachzudenken, sie zu transformieren und sich in sie
> einzufühlen."

Diese Definition akzentuiert verschiedene Dimensionen, die die Bedeutung des Bezugs zum Wissen in einen psychoanalytisch ausgerichteten klinischen Ansatz einbringen, welcher heute von zahlreichen Forschern geteilt wird. Dies zeigt eine Zusammenfassung in der *Revue Française de pédagogie*, die auf die Menge an Studien verweist, die sich in dieser Richtung der Erziehungswissenschaft verorten (vgl. Blanchard-Laville et al. 2005). Zunächst soll klargestellt werden, dass der Bezug zum Wissen nicht das Wissen benennt, sondern die Beziehung eines Subjekts zu einem Objekt. Anders ausgedrückt, bevorzugt dieser Ansatz die aktive Dimension des Prozesses, der sich bei jedem von uns das ganze Leben lang auf einzigartige Weise weiterentwickelt. Er geht davon aus, dass bei Subjekten, beginnend mit der Geburt von Körper und Denken, im Verlauf ihrer Entwicklung durch Interaktion mit den ersten Personen ihrer Umgebung psychische Veränderungen erfolgen, bis hin zur Ausbildung ihrer psychosozialen Persönlichkeit. Während der schulischen und beruflichen Ausbildung, also in Zeiten, in denen man sich neues Wissen aneignet, transformiert und bildet sich dieser Bezug zum Wissen. Die Worte von Claudine Blanchard-Laville aufgreifend, deren Arbeiten den Bezug von Lehrkräften zum Wissen behandeln, kann man auch sagen, dass dieser Ansatz „der zentrale Ort für die Artikulation der persönlichen und professionellen Identität" (Blanchard-Laville 2009, S. 19) ist. Falls nun die Untersuchung von Dr. Itards Bezug zum Wissen es uns erlaubt, bestimmte Züge seiner professionellen Persönlichkeit und deren Evolution zu erhellen, verschafft sie uns Zugang zur unbewussten Dimension seiner Psyche, welche durch seine Verbindung zum Wissen und seine Verbindung zu Victor mobilisiert wird. Was für ein Fantasieleben organisiert die Modalitäten dieser beiden Verbindungen? Was bedeuten in seiner Innenwelt der Akt des Lernens und jener des Lehrens sowie das Wissen, welches diesen Handlungen entspringt? Das Wissen wird hier im psychoanalytischen Sinne als Objekt eingeordnet, also als Gegenstand triebhaften und phantasmatischen Engagements betrachtet. Und schließlich, nun die narzisstische Seite betrachtend, stellt sich die Frage, wie die verschiedenen Identitäten, welche diese Innenwelt bevölkern, sich artikulieren: Wissenschaftler, Arzt am Taubstummen-Institut, Erzieher und Pädagoge?

Was uns also hier interessiert, jenseits der didaktischen Vorgehensweise, jenseits der Ziele, Inhalte und Ergebnisse des Lernens, ist der dynamische Prozess, konzentriert auf ein singuläres Subjekt, das sich mit einem phantasmatischen und triebhaften Seelenleben auseinandersetzt, dem unsere volle Aufmerksamkeit gelten wird.

In diesem Sinne wollen wir versuchen, anhand des *Gutachtens* und des *Berichts* sowie deren Adaption für das Kino durch Truffaut, den *Bezug zum Wissen* von J. M. G. Itard durch eine psychoanalytisch orientierte klinische Untersuchung

zu erhellen. Erinnern wir uns daran, dass die Persönlichkeit des Dr. Itard, dem
Pionier der *Sonderpädagogik*, die Geburt der Psychiatrie prägte, und dass seine
Begegnung mit Victor von Aveyron bis heute die Debatte zwischen Spezialisten
für psychische Betreuung, für Erziehung und für die Beschulung von Kindern mit
sonderpädagogischem Förderbedarf befeuert.

2   Madame Guérin, eine Randfigur

Im Zusammenhang mit unserer Lektüre der beiden Schriften Itards hat ein Aspekt
sofort unsere Aufmerksamkeit geweckt, als wir den Film von Truffaut sahen. Aus
diesem Überraschungseffekt entstand unsere Fragestellung über den Bezug zum
Wissen dieses erziehenden Arztes. Die Person, die Dr. Itard bei seinem Erziehungsprojekt unterstützt, wird in den Schriften und im Film völlig unterschiedlich
dargestellt. Es handelt sich um die Gouvernante, Mme Guérin, die wir im Film
in dem Moment kennenlernen, in dem Itard den schlechten Zustand des sich im
Taubstummen-Institut selbst überlassenen Kindes feststellt, sich dafür entscheidet,
dessen Erziehung in die Hand zu nehmen, und ihn zu sich aufs Land bringt. Nun
gibt es aber in Wirklichkeit keinen Hinweis darauf, dass Victor das Institut verlässt, weder in den Quelltexten, noch in den Archivdokumenten, die Thierry Gineste[2] gesammelt hat. Anscheinend ist eher die Gouvernante ins Institut gezogen,
um sich täglich um das Kind zu kümmern – möglicherweise in einer Wohnung in
einem der Gebäude. Wir haben alle Situationen, in denen Mme Guérin im *Gutachten* und im *Bericht* erwähnt wird, genau studiert und sie mit allen Filmsequenzen
verglichen, in denen Truffaut sie ins Bild bringt. Wir stellen dazu die These auf,
dass der Umweg über die Analyse von Stellung, Verhaltensweise und Darstellung
dieser *Figur* durch die beiden Autoren Indizien hervorbringen wird, die Folgerun-
gen über die bewussten und unbewussten psychischen Ausprägungen erlauben,
welche Dr. Itards komplexen Bezug zum Wissen gestalten und sein erzieherisches
Vorgehen erklären. Die Werke dieses Pioniers der Kinderpsychiatrie sind zwar das
Objekt zahlreicher Kommentare von Erziehungsspezialisten, doch zur Umgebung
von Victor während der Jahre seiner Behandlung, insbesondere zu den Personen,
mit denen er in Kontakt kam, verfügen wir über sehr wenige historische Angaben.
Hierzu wissen wir, dass, als der von den erzielten Ergebnissen enttäuschte Itard
um 1806 sein erzieherisches Projekt aufgab, Mme Guérin seine Mission fortsetzte,

---

2   Thierry Gineste ist der Autor einer sehr gut dokumentierten Studie über Victor von
     Aveyron, die 1981 veröffentlicht und 1993 neu aufgelegt wurde. Wir beziehen uns hier
     auf die neueste Ausgabe von 2004.

indem sie sich mit Victor bis zu dessen Tod im Alter von 40 Jahren in der Nähe des Instituts niederließ. Dies zeigt die Bedeutung der Rolle dieser Frau, die viele Jahre in seiner Nähe verbrachte, und die Bedeutung der Beziehung, die zwischen ihnen entstand.

So stark das Presseecho auf die Entdeckung des Kindes im Wald, seine Ankunft in Paris und die Aussagen von Itard waren, so sehr ist der Zeitraum, der auf Victors Behandlung folgte, im Dunkeln geblieben.

Dabei war es Mme Guérin, welche die längste Zeit an seiner Seite gewesen sein dürfte und die auch ohne Zweifel der Bezugspunkt für eine gegenseitige Bindung war, die schon in der ersten Zeit ihres Zusammenseins entstand. Sie scheint in der Tat eine zentrale Mutterfigur in Victors Erziehung und Entwicklung zu verkörpern. Wenn Itard es auch in seinen Schriften nicht versäumt, die Fähigkeiten dieser Frau anzuerkennen und ihre Qualitäten zu preisen, wann immer er sie erwähnt, so wird doch nichts davon sichtbar, wie ihr Einsatz seinen eigenen vervollständigte, ja, sogar gelegentlich darin mündete, das Kind dort auf den Weg des Erfolgs zu bringen, wo er scheiterte. Und doch liefert er dem Leser genug Beschreibungen, um ihm dieses Phänomen bewusst zu machen. In seiner Adaption hingegen stellt Truffaut sie als eine Person im Hintergrund dar, besonders indem er viele Textstellen weglässt, welche die Rolle Itards bei den Fortschritten Victors relativieren, wodurch die Bedeutung der Gouvernante minimiert wird. Man findet bei anderen Autoren, Spezialisten für Kindheit und psychische Betreuung, denselben Befund und dieselben Fragen zu dieser Frau. Leandro de Lajonquière, ein Psychoanalytiker und Forscher in der Erziehungswissenschaft, macht die Weigerung Itards, Victor zu Wort kommen zu lassen, für seinen fehlenden Zugang zur Sprache verantwortlich, während Mme Guérin durch ihr Verhalten den Einstieg in diesen Lernprozess ermögliche (vgl. De Lajonquière 2013, S. 142). Dies ist ein Gedanke, den auch der Psychoanalyitker Octave Mannoni äußert. In seiner Analyse und Interpretation vom Erziehungskonzept des Doktors erwähnt er die Rolle Mme Guérins und unterstreicht deren rätselhafte Dimension: „Man würde gerne mehr darüber wissen", schreibt er, „[...] vermutlich wurde das Geschehen auch von ihr vorangetrieben, und möglicherweise mit mehr Glück als bei Itard."(Mannoni 1970, S. 190) Mannoni scheint dem Doktor sogar vorzuhalten, sich nicht ausreichend dafür zu interessieren, wie sich Mme Guérin Victor gegenüber verhält. Durch dieselbe Neugierde angestachelt, möchte ich dem hier nachgehen, indem ich versuche zu verstehen, welcher Anteil an Victors Entwicklung auf Mme Guérin zurückzuführen ist. Zunächst werde ich mich mit ihrem ersten Auftritt im *Gutachten* von Itard und in der ersten Sequenz des Films beschäftigen, die wir sukzessive analysieren werden. Davon ausgehend wird die Untersuchung auf die gesamte Quelltexte und auf diejenigen Sequenzen des Films ausgedehnt, in denen Mme Guérin eine wichtige Rolle spielt.

3   Der erste Auftritt Mme Guérins

Das *Gutachten* besteht aus einer Einleitung und fünf Kapiteln, deren Titel die zentralen Behandlungsziele ankündigen. Eine analoge Darstellungsweise findet sich
im *Bericht* von 1806, einem an das Innenministerium gerichteten Text, in dem die
„Weiterentwicklung des Victor von Aveyron" in drei Bereichen dargelegt wird:
den Sinnen, den intellektuellen Funktionen und den affektiven Fähigkeiten.

Die Anwesenheit von Mme Guérin wird bereits auf den ersten Seiten des *Gutachtens* erwähnt, als Itard auf die Frage von Victors Sozialisation eingeht[3]. Er
stellt klar, dass sie es ist, der die Staatsverwaltung „die besondere Obhut für dieses Kind" übertragen hat. Er bezeichnet diese Aufgabe als „mühevoll", als eine
Aufgabe, die „sie mit all der Geduld einer Mutter und der Intelligenz einer auf-
geklärten Erzieherin erfüllt hat und noch erfüllt" (Malson 1964, S. 142). Itard ist
bei seinem Unterfangen also nicht allein, er wird unterstützt von einer Frau mit
mütterlichem Empfinden, die in der Lage ist, an seiner Seite an der Erziehung des
Kindes mitzuwirken, das eher als *Schüler* betrachtet wird. Itard fügt seinen Äußerungen hinzu: „statt seine Gewohnheiten zu durchkreuzen, hat sie es geschafft, mit
ihnen umzugehen und damit das Ziel dieser ersten Indikation zu erfüllen" (ebd.).
Es geht nämlich darum, eine neue, humanere Richtung einzuschlagen als die der
Behandlung, der man den Wolfsjungen seit seiner Ankunft in Paris unterzogen
hatte, denn sein Zustand verschlechterte sich im Institut kontinuierlich, und für
Itard verschwand die Aussicht auf erzieherischen Erfolg in immer weitere Ferne
angesichts der schlechten Behandlung, die Victor unter allgemeiner Gleichgültig-
keit erdulden musste. Um diese Kursänderung vorzunehmen, musste außerdem
Victors Vergangenheit berücksichtigt werden sowie die Auswirkungen, welche
diese Vergangenheit auf das gegenwärtige Verhalten hatte.

In dieser Darstellung der Rolle, die Mme Guérin übertragen wurde, scheint es,
dass Erziehen zunächst bedeutet, sich anzugleichen, sich an den anderen anzu-
passen. Dies impliziert, auf seine Neigungen und Bedürfnisse zu hören. Es handelt sich also um ein Gemeinschaftswerk, das in diesen ersten Zeilen anklingt,
ein Werk, zu dem jeder auf seine Weise beiträgt. Aus Itards Sicht besteht Mme
Guérins Rolle vor allem darin, Sorgfalt und Geduld walten zu lassen, sich anpas-
sen zu können und gleichzeitig den schwierigen Charakter dieses Vorhabens zu
unterstützen, das mit der Gewalt und der Opposition des Kindes konfrontiert ist.
Diese erste Beschreibung der Haltung der Gouvernante erinnert an das, was der

---

3   „Erstes Ziel: ihn in das soziale Leben einbinden, indem dieses angenehmer gestaltet
     wird als das bisherige, und vor allem stärker dem entspricht, welches er verlassen hat."
     (vgl. Malson 1964, S. 141).

Psychologe Daniel N. Stern (1989) als die Fähigkeit zur Herstellung von Übereinstimmung bezeichnet, welche eine Mutter im Laufe der ersten Interaktionen mit ihrem Baby entwickelt. Auch wenn Victor ein Kind von etwa elf Jahren und kein Baby ist, so scheint sich doch die Beziehung, die er, angefangen bei Mme Guérin, zu seiner Umgebung entwickelt, hauptsächlich auf sensorische und emotionale Erfahrungen zu stützen.

Schauen wir nun, wie Mme Guérin im *Wolfsjungen* von Truffaut die Szene betritt. Bei Victors Ankunft im Haus des Doktors sehen wir sie zunächst von hinten. Sie steht im Haus und schaut durch das Fenster dem Anhalten der Pferdekutsche zu. Als sie sich umdreht, sieht man sie im Profil, wobei ein sorgenvoller Ausdruck über ihr Gesicht huscht. Dann wendet sie sich ab und geht aus dem Haus, um die beiden zu empfangen. Itard kommt näher und sagt zu ihr: *„Hier ist das Kind".* Victor anschauend antwortet sie sofort: *„Guten Tag, mein Junge, es wird dir hier gut gehen."* Sich zur Kamera umdrehend nimmt sie seinen Arm, geht los und fügt hinzu: *„Wir werden uns um dich kümmern."* In dem Moment, in dem sie die Schwelle überschreiten – Victor geht zwischen den beiden Erwachsenen – antwortet Itard: *„Sie haben Recht, Mme Guérin, er kann Sie nicht verstehen, aber man muss trotzdem so viel wie möglich mit ihm sprechen."* Scheinbar, ohne auf seine Bemerkung zu achten, fährt sie fort: *„Hier ist das Esszimmer, komm in den ersten Stock, du musst das Haus kennenlernen."* Sie schicken sich an, zu dritt die Treppe hinauf zu steigen. Die Sequenz, die kaum eine Minute gedauert hat, endet mit einer Großaufnahme der Füße des Kindes auf den ersten Stufen.

In diesem kurzen Ausschnitt lässt sich feststellen, dass Mme Guérin immer Victor anspricht, während Itard Mme Guérin anspricht. Auch wenn er ihre ersten Worte gutheißt, so versäumt er es doch nicht, sie darauf hinzuweisen, dass das Kind sie nicht verstehen kann. Anders ausgedrückt, macht er sich bereits zu Victors Sprachrohr ihr gegenüber. Sofort erscheint Itard/Truffaut als Wissensträger, als Träger von Wissen über das Kind und von Fachwissen, das er der Gouvernante vermittelt. Wir beobachten zwei gegensätzliche Verhaltensweisen: Mme Guérin stellt durch ihre spontanen Äußerungen eine direkte Beziehung zum Kind her, nimmt es auf und beruhigt es, indem sie ihm eine bessere Zukunft verspricht. Das Bild der beiden Victor einrahmenden Erwachsenen, das Pronomen „wir" (werden uns um dich kümmern) und die Beschreibung der Orte im Haus suggerieren eine Elternkonstellation, wie um zu sagen „hier bist du in deiner eigenen Familie". Itards Haltung markiert eine Distanz zu dieser impliziten Botschaft: Er wendet sich nicht an das Kind, sondern an seine Gouvernante, um ihr seine Sichtweise als aufgeklärter Arzt darzulegen. Seine Stimme, der Inhalt seiner Worte lassen keinerlei Emotionen durchscheinen. Die Verdeutlichung „man muss *trotzdem* mit ihm sprechen" betont die Unwissenheit der Gouvernante, was die Sprache angeht, eine Unwissenheit, welche die Fortschritte des Kindes behindern könnte. Bei diesem ersten Austausch mit Victor versucht Mme Guérin aber gar nicht, sich ihm verständlich zu machen. Mir scheint, dass es ihr vor allem auf sensible und spontane Weise darum geht, das Kind aufzunehmen, es mit einem neuen Ort vertraut zu machen, so wie es eine Mutter bei einem Austausch mit ihrem Baby machen würde, wo Letzteres die Bedeutung der Worte nicht versteht, aber die beruhigende Botschaft begreift, vermittelt durch die emotionale Tonlage der Stimme, den Blick und die Art, wie es getragen wird. Itard hingegen schlägt eine andere Tonart an. Wenn er ausdrücklich Mme Guérins Worte gutheißt, so vor allem in der Absicht sie darauf hinzuweisen, was mit Victor getan werden muss. Durch diesen pädagogischen Hinweis wird sofort der Unterschied zwischen dem Wissenden und der naiven Intuition einer Frau ohne Unterweisung etabliert. In der einzigen Sequenz des Films, wo wir einer Umkehrung dieses Verhältnisses von Wissen/Können beiwohnen, ruft Itard Mme Guérin zu Hilfe, als er nicht in der Lage ist, Victor bei einem Wutanfall zu beruhigen. Sie sagt dann: *„Nein, lassen Sie ihn. Dieses Mal kümmere ich mich darum"*. Kurz danach, in einer neuen erzwungenen Übungssituation, die zu einem weiteren Wutanfall führt, versucht sie, die Methode des Doktors in eine andere Richtung zu lenken, indem sie ihn merken lässt, dass er das Kind zu einem täglichen Arbeitsrhythmus zwingt, dem sich auch ein normales Kind nicht unterwerfen könnte.

4 Mme Guérin im Film als Ganzem

In den meisten Szenen des Films, mit Ausnahme der oben genannten, wird Mme Guérin als eine Frau von allenfalls gesundem Menschenverstand dargestellt, die unter der Kontrolle des Arztes oder, allgemeiner, der Kontrolle der Wissenschaft handelt. Oft nimmt sie an den Lernprozessen teil, beobachtet aufmerksam wie eine Erzieherin in Ausbildung, stellt dem Doktor Fragen und zeigt sich begeistert, wenn Victor eine Übung erfolgreich absolviert. Interessanterweise ergeben sich gerade aus einer Szene, in der sie ihn beglückwünscht, aus dem beglückenden Ausruf „Bravo!" zwei wichtige Dinge: die Überzeugung, dass Victor hören kann – er dreht sich zu ihr um, als sie ihn beglückwünscht – und die Wahl des Vornamens, den er bekommt. Die Idee zu einem Vornamen kommt der Gouvernante in dem Moment, in dem *anerkannt* ist, dass das Kind hören kann, und es ist wieder Mme Guérin, die auf die Ungerechtigkeit dieser fehlenden Identität hinweist. Itard spricht nacheinander drei Vornamen aus, aber erst als Mme Guérin sich direkt an ihn wendet und mit dem Namen „Victor" anspricht, dreht sich das Kind wieder zu ihr um. Dennoch es ist Truffaut vorbehalten, daraus zu folgern: *„Das ist also Victor."*

Im Film verkörpert jede Person eine Art von Wissen, die es zu vermitteln gilt. Itards Konzept zufolge ist Mme Guérins Wissen ein intuitives, das der Mutter, die pflegt, ernährt, beschützt und zeigt; ein Wissen, zu welchem auch Fähigkeiten der Erziehung zum Alltagsleben gehören: sich waschen, sich anziehen, fragen, aufräumen. Itard selbst behält sich das Gelehrtenwissen vor, das der Intelligenz: verstehen, einordnen, logisch denken, urteilen (Moralgefühl), sprechen. Die Mission des einen endet dort, wo die des anderen beginnt. In den Schriften ist diese Aufteilung der Rollen und des Wissenskonzepts viel weniger ausgeprägt, die erzielten Fortschritte werden abwechselnd den beiden Erwachsenen zugerechnet. Zum Stellenwert des Spiels im Erziehungsverhältnis lässt sich dabei feststellen, dass der Text Itards Freude erkennen lässt, wenn er spielerische Momente mit Victor teilt, während wir ihn im Film mit einem anderen Erwachsenen spielen sehen (dem Bürger Lemeri) und nicht mit dem Kind. Auch werden wir später sehen, dass Teile von Mme Guérins Privatleben mit bedeutenden Fortschritten des Kindes, insbesondere was den Spracherwerb betrifft, in Verbindung gebracht werden.

5   Mme Guérin im *Gutachten* und im *Bericht*

Wie bereits oben angedeutet, erwähnt Itard die Betreuung Victors durch Mme Guérin mehrfach und insbesondere im letzten Teil mit dem Titel „Entwicklung affektiver Fähigkeiten", in dem ihr ungefähr fünf Seiten gewidmet sind. Mme Guérin wird darin als Wohltäterin dargestellt, die Victor der schlechten Behandlung entreißt, welcher er während der ersten drei Monate im Taubstummen-Institut unterworfen war „durch die Korridore streunend, (…) in ekelerregendem Schmutz unter den neugierigen Augen der Hauptstadt dahinvegetierend" (Malson 1964, S. 232). Dank ihrer Pflege wird das Kind plötzlich „geliebt, umsorgt von einer Betreuerin voller Sanftheit, Güte und Intelligenz". Hier findet sich die Darstellung als Mutter und Erzieherin, die auch im Film mehrfach vorkommt; gleichwohl weisen andere Elemente eine wichtige Diskrepanz zwischen den beiden Darstellungen von Mme Guérin auf.

In den beiden Texten Itards begleiten wir Mme Guérin auf ihren Wegen im Freien, während sie im Film niemals das Haus verlässt. Dies zeigt sich in drei Situationen: Sie begleitet Victor täglich zum Bürger Lemeri, der dem Kind Milch gibt; an einer anderen Stelle beschreibt Itard detailliert eine Wiedersehensszene, als sie ihn nach einem seiner Fluchtversuche bei der Polizeistation abholt; ein letztes Beispiel: Er erzählt auch eine Anekdote, in der sie ihn zum Observatorium bringt und hoch hinauf steigen lässt, was bei dem Kind schreckliche Angst auslöst. Diese unterschiedlichen Situationen erlauben es, sich Victor unter der alleinigen Verantwortung Mme Guérins vorzustellen und ihre emotionale Bindung bei Abwesenheit des Doktors aufzuzeigen. Itard versäumt es nicht, klarzustellen, wie sehr Victor an seiner Gouvernante hängt, und berichtet in mehreren Anekdoten, wie der Junge ihr gegenüber seine Gefühle ausdrückt: Er kommt ihren Wünschen zuvor, erweist ihr mit viel Freude kleine Gefallen. Einmal reißt er aus, weil er traurig ist, Mme Guérin wegen einer Krankheit für längere Zeit abreisen zu sehen. Die Gegenseitigkeit der Gefühle zwischen den beiden wird im Film jedoch nicht dargestellt.

Außerdem entdecken wir weitere Personen aus der Feder Itards, die im Film fehlen: den Ehemann und die Tochter von Mme Guérin. Der Text erwähnt zum Beispiel das Verschwinden von M. Guérin, welches das Kind anscheinend nicht verstanden hat, da es am Tisch weiterhin für ihn deckt. Itard unterstreicht, dass er, „den Grund für Mme Guérins Verzweiflung durchschauend, seine Ungeschicklichkeit versteht und korrigiert" (Malson 1964, S. 235). Dieses Ereignis lässt uns im Übrigen vermuten, dass die Mahlzeiten zu Hause in Anwesenheit von M. Guérin eingenommen wurden. Auch erwähnt Itard die allsonntäglichen Besuche von Julie, der Tochter Mme Guérins. Im Licht dieser Hinweise erscheint Mme Guérin nicht mehr nur als Gouvernante, sondern auch als Ehefrau und Mutter. Man fragt sich, warum diese Familie im Film nicht vorkommt. Und auch, warum Truffaut eine andere erschafft, die im Text von Itard nicht vorkommt: Lemeri und seine Frau mit ihren beiden Kindern, die in zwei Sequenzen vorkommen. Victor wird sogar gezeigt, wie er mit einem der Kinder spielt, während wir dem Text entnehmen können, dass er die Tochter von Mme Guérin lieb gewinnt, die in seinem Alter ist und deren Vornamen er in ihrer Abwesenheit regelmäßig ausspricht.

All diese Hinweise stellen die Bedeutung der Bindung zwischen dem Kind und der Familie von Mme Guérin heraus sowie, von dieser Bindung ausgehend, die Rollen der Trennung und des Mangels, welche das Kind durchgemacht hat. Ist es nun aber nicht gerade dieses Wechselspiel zwischen Frustration und Befriedigung, welches die Entwicklung der Psyche und der Individuation im erzieherischen Prozess bedingt? Frustration und Befriedigung natürlich seitens des Kindes, aber auch seitens aller verantwortlichen Erwachsenen. Und vielleicht bietet uns dies einen Interpretationsansatz, um Mme Guérins Rolle bei Victors Fortschritten dort zu verstehen, wo Itards Bezug zum Wissen, dominiert von einem Verhältnis der Einflussnahme, das Erziehungsprojekt hätte „scheitern" lassen. Um diese Hypothese zu untermauern, stützen wir uns auf einen Text von Winnicott (1972) über die Entwicklung von Beziehungen, in dem der Autor einen direkten Zusammenhang zwischen dem Bedürfnis zu ernähren und zu pflegen und dem Bedürfnis zu erziehen herstellt. Und genau so sind sowohl Itard als auch Mme Guérin gleichzeitig ernährende Eltern und Erzieher, jeder auf seine Weise. Laut Winnicott müssen Erzieher wie auch Eltern aushalten können, dass man an ihnen zweifelt, ihnen nicht all die Befriedigung und Anerkennung verschafft, die sie in ihrer Traumvorstellung der idealen Eltern/Erzieher erwarten. Mehr als die Erziehungsprinzipien, erklärt er, trägt die der Erziehung und dem Lehren inhärente Frustration zum Aufziehen des Kindes bei. Unseres Erachtens schaffte es Mme Guérin dank ihrer Fähigkeit „sich [mit Victor] einzustimmen", dank der Authentizität ihrer Persönlichkeit, aber auch aufgrund ihrer Stellung als Ehefrau, als Mutter eines anderen Kindes, als vom Staat bestellte Kinderfrau, was eine Distanz zwischen dem Kind und ihr herstellte, unwissentlich, einen psychischen Raum und eine erzieherische Beziehung herzustellen, die ohne Zweifel bei Victor die Entstehung der Lust am Lernen begünstigte.

6   Truffaut als Darsteller Itards

Die vorangehende Analyse unterstreicht die Bedeutung der Rolle Mme Guérins bei den Fortschritten, die Victor während der Jahre seiner Arbeit mit Dr. Itard erzielte, und, allgemeiner, im therapeutischen und erzieherischen Prozess. Sie stützt sich auf das, was Itards Text verrät und was dem Autor teilweise entgeht, sowie auf einige kurze Passagen des Films, die ebenso anschaulich und lehrreich wie lakonisch sind. Dass der Film Mme Guérin eine Nebenrolle zuweist, dass er ihr ihre Funktion als Lehrerin aberkennt, ist nicht nur eine Kleinigkeit. Die Notwendigkeit, die Quelltexte auf die Bedürfnisse der Adaption zuzuschneiden – den Film auf fünfundachtzig Minuten zu begrenzen – erklärt nicht alles. Sie erklärt insbesondere nicht, warum in bestimmten Episoden, die im Film beibehalten wurden, Mme Guérin einfach durch Dr. Itard „ersetzt" wird[4]. Unsere These ist demnach eher, dass der Raum, den der Film Mme Guérin wegnimmt, Itard zugutekommt, welcher – und das ist kein Zufall – von François Truffaut gespielt wird. Erinnern wir uns daran, dass letzterer vor dem *Wolfsjungen* nur zwei sehr kurze Auftritte als Darsteller, um nicht zu sagen als Statist[5], auf der Leinwand hatte, und dass der Dr. Itard seine erste wirklich große Rolle darstellte.

Was bedeutet Itard für Truffaut? Unleugbar verbindet diese beiden Männer, über den Abstand von hundertsiebzig Jahren hinweg, was Gilles Deleuze (1998) „ein gemeinsames Anliegen" nennt. Truffaut adaptiert die Schriften von Itard, den er über die Arbeiten von Lucien Malson (1964) kennenlernt, weil er erkennt, von welch entscheidender Bedeutung die Erfahrung mit dem Wolfsjungen für den

---

4   Beispielsweise bei den wiederholten Besuchen beim Bürger Lemeri.

5   In *Le Coup du berger*, einem Kurzfilm von Jacques Rivette, und in *Sie küßten und sie schlugen ihn.*

Doktor war, und vor allem, weil er darin etwas wiedererkennt, was ihn selbst stark beschäftigt: die Kindheit, zurückgewiesene, ausgegrenzte Kinder, die Aufnahme solcher Kinder, ihre Erziehung, die Rolle von Institutionen in der Erziehung, die Familie, die Adoptivfamilie, u. a. m. Die „unmittelbare Brüderschaft untröstlicher Kinder", die laut Thierry Gineste mit Dominique Larrey verbindet[6], könnte sehr gut auch das sein, was später Truffaut mit Itard verbindet. Denn die Leidenschaft für die Kindheit, welche diese beiden Männer entwickeln, hat nichts von einer vorübergehenden Laune und gründet in der persönlichen Erfahrung beider, in den Jahren ihrer frühen Jugend, von denen „man sich das erdrückende Gewicht der Brüche und Trennungen, die gewissermaßen einen Trauerzug von Imagos versagender Eltern bilden, vor Augen halten sollte" (Gineste 2004b, S. 114.). Diese Worte, die über Jean Marc Gaspard Itard geschrieben wurden, passen recht gut zur Geschichte Truffauts, die kein Geheimnis darstellt[7] und zu derjenigen von Antoine Doinel wird. Es geht uns nun weniger darum, das Werk Truffauts durch sein Leben zu erklären, als vielmehr den gesamten Weg von seiner schwierigen Kindheit bis hin zum Kino zu betrachten, welcher das Material für einige seiner Filme liefert und auch die plastische Komposition und Intensität mancher seiner Bilder bestimmt, insbesondere der des *Wolfsjungen*.

Was Truffaut eng mit Itard verbindet, ist einerseits eine schmerzerfüllte Kindheit gefolgt von einem Engagement im Erwachsenenalter, das wie eine „ausgleichende" Reaktion wirkt (sich um jemanden kümmern – Victor/Jean-Pierre Léaud – und ihm dabei helfen, seine Sprache zu finden), und andererseits ein Grundbedürfnis danach, zum Leiden von Kindern und zur Erziehung eine Sichtweise darzulegen – der eine schriftlich, der andere im Film. Nun ist für Truffaut aus diesem „gemeinsamen Anliegen" ein „filmisches Anliegen" geworden. Bei der Analyse der Adaption schließt diese Ausgangslage einen Einzelvergleich der Inhaltselemente, der den Film auf seine Treue zum Ausgangstext hin begutachten würde, von vornherein aus. Unsere Absicht besteht also vielmehr darin zu beobachten, wie das, was wir Deleuze paraphrasierend die „erziehungswissenschaftlichen Ideen" des Dr. Itard nennen könnten, in den „cineastischen Ideen" von François Truffaut mitschwingt.

---

6   Dominique Larrey ist Chefchirurg der italienischen Armee. Er nimmt den jungen Itard 1796 nach Paris mit, wo dieser in das Militärhospital Val de Grâce aufgenommen wird (vgl. Gineste, 2004b, S. 179).

7   Man könnte sich darüber beispielsweise in der „Chronologie", Sonderausgabe von *Le Monde*, „François Truffaut. Le roman du cinéma", Mai-Juni 2014, S. 14–19, informieren.

Kommen wir dazu auf unsere Frage zurück: Warum beraubt der Film Mme Guérin der Funktion, die ihr Itards *Gutachten* und *Bericht* zuweisen? Die Darstellung Itards durch Truffaut ist möglicherweise ein erster Teil der Antwort. Es ist bekannt, dass Truffaut vorhatte, diese Rolle einem Schauspieler anzuvertrauen, vorzugsweise einem – zumindest im Kino – unbekannten Schauspieler, um dieser realen Person ein Gesicht und einen Körper mit möglichst wenigen Konnotationen zu verleihen. Aus welchen Gründen hat er sich schließlich dazu entschieden, Itard selbst darzustellen, obwohl er a priori kein Schauspieler war? Truffaut äußert sich hierzu sehr redegewandt:

> *„Der Wolfsjunge* ist ein Film über *zwei* Personen; in diesem Film schien mir die Hauptarbeit nicht darin zu bestehen, Regie zu führen, sondern *sich um das Kind zu kümmern*. Daher wollte ich die Rolle des Doktor Itard spielen, *um mich selbst um das Kind zu kümmern*, um zu vermeiden, dies über eine Mittelsperson zu tun. [...] Auch angesichts der Tatsache, dass das Kind niemals spricht, weil es quasi taubstumm ist, und man es daher im Bild lenken muss, ist mir klar geworden, dass ich versuchen muss, dies selbst zu tun." (Truffaut 1970, S. 9.)

Diese Erfahrung hat bei Truffaut den Eindruck hinterlassen „im Film *vor* der Kamera Regie geführt zu haben und nicht *dahinter*, wie sonst" (ebd.). Etwas weiter unten schreibt er über den Jungen Jean-Pierre Cargol, der Victor spielte: „[...] als der Film fertig war, haben wir gemerkt, dass das Kino ihn verändert hat. Meiner Meinung nach ist der Unterschied zwischen Jean-Pierre Cargol vor und nach dem Dreh erstaunlich" (ebd., S. 10).

Diese Äußerungen stellen deutlich den exklusiven Charakter der Beziehung zwischen dem Erwachsenen und dem Kind heraus. Truffaut eignet sich Victor buchstäblich an, er will ihn ganz für sich, ohne störende Mittelsperson. In diesem Zusammenhang kann man feststellen, dass im Film, anders als in den Schriften Itards, der wesentliche Teil der Handlung am Wohnort des Doktors stattfindet, in seinem privaten Bereich (vgl. hierzu Thierry Gineste 2004a). Truffaut ,privatisiert' die Situation also völlig: Victor wird nicht nur körperlich aus der Institution ,herausgeschleust', wohnt nicht nur in Vollzeit am Wohnort seines Wohltäters, sondern der Film geht sogar so weit, die Arbeitsszenen in das Zimmer Itards zu verlegen.

Unter diesen Bedingungen ist es verständlich, dass die arme Mme Guérin, obwohl sie von einer talentierten Schauspielerin mit gutem Ruf dargestellt wird[8], die Bedeutung verloren hat, welche ihr die Feder Itards verlieh. Der Film macht deswegen aber keine langweilige oder inkonsistente Figur aus ihr; die Szenen mit

---

8   Françoise Seigner war Mitglied der Comédie française.

Mme Guérin bleiben unentbehrlich, sehr ausdrucksvoll und, für uns, sehr lehr-reich. Er begnügt sich nur deshalb damit, ihr eine Nebenrolle zuzuweisen, um Itard als ausschließlichen Erzieher Victors darzustellen, wodurch *Der Wolfsjunge* ein Film über zwei Personen wird.

Im Übrigen ist den Worten des Filmemachers zu entnehmen, dass mit dem Kind, um das man „sich kümmern" muss (dieser vage und vieldeutige Ausdruck wiederholt sich zwei Mal), unterschiedslos der Schauspieler, den man führen muss, und der stumme Wolfsjunge, den man erziehen muss, gemeint sind. Truffaut operiert hier an der Grenze zwischen der Welt der Fiktion und jener der Film-produktion. In diesem Sinne kann man die Worte von Antoine de Baecque und Serge Toubiana verstehen, wenn sie sagen, dass Truffaut „Victor von Aveyron, dem Märtyrerkind, das der freien Wildbahn preisgegeben wurde und welches der Filmemacher irgendwie mit Hilfe des Kinos zu erziehen versucht" (De Baec-que, Toubiana 1996, S. 382.), einen Film widme. Oder jene Formulierungen von Jean-Pierre Rehm, wenn er in der „Schreibtafel und auch dem Tisch" „Metaphern des Bildschirms" sieht, und im Kino die „raue Schule, in der man seiner Unwis-senheit entkommen kann" (vgl. Rehm 2004). Die Widmung erhält plötzlich eine besondere Bedeutung, da Truffaut hierdurch seine Geschichte mit Léaud in den Film einbringt. Er führt einen zweiten Jean-Pierre ins Kino ein, indem er einen Wolfsjungen erzieht. Seitens der Intentionen ebenso wie seitens der Rezeption einigt man sich darauf, diese Art der Metalepse, diese Überschreitung der narra-tiven Grenzen anzuwenden.

Wenn diese beiden Welten kommunizieren, kann die Tatsache, dass der kleine Zigeunerjunge durch seine Erfahrungen bei den Dreharbeiten verändert wurde, leicht wie ein Ausgleich für den relativen Misserfolg Itards bei seiner erzieheri-schen Unternehmung wirken. Der Filmemacher hätte dann dort Erfolg gehabt, wo die Anstrengungen des Arztes und Pädagogen vergeblich waren. Es ist nicht ohne Bedeutung, dass der Film die Geschichte in der Mitte abbricht und sie mit einem (zumindest aus Sicht der Erwachsenen) euphorischen Moment enden lässt: mit der Rückkehr Victors nach Hause, nachdem er mehrere Tage lang verschwunden war, und nicht mit der bitteren Feststellung, dass das Kind nie lernen wird zu sprechen.

Truffaut vermittelt uns zum Schluss, dass die Darstellung Itards es ihm erlaub-te, *vor der Kamera, in der Mitte des Bildes,* d. h. im Inneren dieser *Bildeinrah-mung,* Regie zu führen. Damit berührt er einen der, in unseren Augen, sensibelsten Punkte des Films, da diese Absicht überall im Film ihre Spuren hinterlässt und sich deutlich in den Bildern manifestiert. Dies zeigt sich im Wesentlichen durch eine Verdoppelung der Einrahmung in Form von weiteren Rahmen, nämlich den Fensterrahmen, welche im Film allgegenwärtig sind und von Weitem wie eine Hommage an Bazin und seine Metapher des „Fensters auf die Welt" (Bazin 1985,

S. 166) wirken.[9] Wenn daher der Film Itard/Truffaut und Victor/Jean-Pierre von einem Fenster gerahmt zusammen zeigt, so haben wir nicht eine einfache Konstellation vor Augen, sondern das *Bild* einer in einen Rahmen gefassten Konstellation, deren Rahmen ebenso sichtbar ist wie die Konstellation selbst. Eine Beschreibung dieser Einstellungen zeigt buchstäblich, dass der Erwachsene das Kind *im Inneren des Bildes* in Szene setzt, um die genauen Worte Truffauts aufzugreifen.

Diese Verdoppelung des Rahmens wird in der Filmwissenschaft als Stilmittel für eine Aussage betrachtet, wobei die Aussage, um die es dabei geht, weniger auf die Person Truffauts verweist als auf eine unpersönliche Aussage, wie Christian Metz sie versteht.

„Alles in allem verstärkt der Fokus des Films die skopische Vermittlung, die normalerweise erforderlich ist, um uns zu erreichen. [...] Der innere, zweite Rahmen hat den Effekt, den ersten Rahmen, d. h. den Ort der Aussage, hervorzuheben, was eines von mehreren häufigen und einprägsamen ‚Zeichen' ist." (Metz 1991, S. 71f)

Die Fenster in Truffauts Film scheinen uns an diesem „besonders instabilen Austausch zwischen der Aussage und dem Ausgesagten" (ebd., S. 77) teilzuhaben, der das narrative Kino charakterisiert.

7 Sehen lernen: eine Poetik des Fensters

Die Bilder von Fenstern sind im *Wolfsjungen* so zahlreich und vielfältig, dass sie eine ganze Geografie des Blicks[10] entwerfen und dazu einladen, im Film aufmerksamer den leisen Stellen und den Zwischenräumen zu folgen als den narrativen Elementen, die auf den ersten Blick mehr ins Auge springen (die Übungen, Fortschritte und Misserfolge, die innerhalb der Rahmenhandlung Anlässe für die zweite Erzählebene liefern, welche aus der Berichterstattung Itards als Stimme aus dem Off oder als innere Stimme besteht). Unsere These ist die Folgende: Hinter dem Szenario der unmöglichen Aneignung der Sprache zeichnet sich eine andere Erzählung ab, eine weniger enttäuschende, in der Victor zwar nicht sprechen, aber

---

9 Das Werk von Bazin selbst ist François Truffaut gewidmet.

10 Jean-Pierre Rehm (2004) hat die Schlüsselrolle des Fensters gut erfasst und hält den Film für ein „Universum der Passage", in dem „Fenster den Blick beherrschen und leiten".

doch *sehen* lernt.[11] Bei diesem Lernprozess, der sich nur an der Schnittstelle zwischen der narrativen und der ästhetischen Analyse erkennen lässt, weist das Objekt Fenster eine heuristische Effizienz auf, die der aller Übungen des Arztes und Erziehers zusammengenommen überlegen ist. Das Fenster, um das es hier geht, muss man in einem weiteren Sinne verstehen: Es umfasst alle Arten von Rahmen, deren Funktion es ist, einen Raum abzugrenzen, Distanz zu schaffen oder den Blick zu lenken – den Blick der Figur oder den Blick des Zuschauers.[12] Daher werden wir neben den eigentlichen Fenstern, Spiegeln, Gemälden und Grafiken auch den häufigen Einsatz der Irisblende im Film berücksichtigen.

Zu Beginn des Films kommt zunächst der Ton (man kann während des Vorspanns Waldgeräusche hören), der so ein deutliches Bild hervorruft, dass das visuelle Bild des Waldes die Geräuschkulisse nur vervollständigt und ihr Fülle verleiht. Dieses Phänomen wiederholt sich sofort innerhalb der Diegese: Eine Frau, die im Wald Pilze sammelt (das erste Bild des Films), vernimmt beunruhigende Geräusche und versucht reflexartig das zu sehen, was sie hört. Der erste Sichtkontakt zeigt allerdings nur den zitternden Schatten von Blättern, und man muss auf den dritten Sichtkontakt und die dritte subjektive Einstellung warten, bis eine schemenhafte, sich bewegende Form erscheint, die man für die eines Tieres halten könnte (wenn der Titel des Films uns nicht zu einer anderen Schlussfolgerung anregen würde). Wenn diese anfängliche Subjektivität auch kein narratives Hauptmotiv an sich darstellt, da das beobachtende Subjekt fast sofort wieder verschwindet, so betont sie doch das Phänomen der Aussagen-Verdopplung, von der der Film im Weiteren wiederholt Gebrauch macht. Indem zunächst das Gehör angesprochen und damit ein Verlangen nach dem Bild hervorgerufen wird (auf der innersten Aussageebene der Geschichte), unterstreicht dieser Filmbeginn außerdem sofort die Bedeutung der Sinne, die im weiteren Verlauf des Films bestätigt wird: der Geschichte eines stummen Wolfsjungen, der in der Obhut eines Spezialisten für Taubheit sprechen lernen soll, aber eher sehen als sprechen lernt, und für den Zuneigung mit Berührung verbunden ist[13].

---

11   Itard sagt in der Badeszene explizit zu Mme Guérin: „Wir werden ihm beibringen zu sehen und zu hören".

12   Das Werk von Gérard Wajcman, *Fenêtre. Chroniques du regard et de l'intime* [*Fenster. Chroniken des Blicks und des Intimen*] stellt ein wertvolles Hilfsmittel dar, um den Film aus diesem Blickwinkel zu betrachten. Wir danken Florence Vallade für den Hinweis auf diese Lektüre.

13   Zwei Mal greift er nach einer Hand (von Itard, später nach der von Mme Guérin) und führt sie an sein Gesicht. Dabei sollten wir nicht vergessen, dass Itard sich der Tradition des Sensualismus verschrieben hat.

Zum Sehen lernen: Diese Transformation eines nicht-sehenden Subjekts in ein sehendes erkennt man gut, wenn man den Anfang und das Ende des Films vergleicht. Die vorletzte Einstellung der ersten Sequenz zeigt das Kind auf einem Baum sitzend. Zum ersten Mal verharrt die Kamera auf seinem Gesicht, welches jedoch teilweise durch Geäst verdeckt ist, sodass man nur ein Auge sieht, welches gleichsam ohne Blick ist, oder zumindest ohne Aufmerksamkeit, ohne Absicht zu sehen, ohne Objekt der Betrachtung, ohne Spannung zwischen einem Subjekt und einem Objekt, zumal es im Schatten ist. Im Gegensatz dazu zeigt die letzte Einstellung des Films Victor, wie er bei seiner Rückkehr ins Haus des Doktors von Mme Guérin begleitet die Treppe hinaufsteigt[14]; die Kamera begleitet Victor mit einer Kamerafahrt; zuletzt schließt sich die Irisblende immer enger um das Gesicht des Kindes, wie es sich zu Itard und der Kamera umdreht, um auf beide einen ebenso eindringlichen wie rätselhaften Blick zu richten, der vielleicht nur ihm selber gilt: ein Blick, der sich einfach nur als Blick zu verstehen geben will.

Abbildungen 1 und 2   DVD-Stills aus *L'enfant sauvage* © MGM 2001

Aus welchen Gründen ist bei der Transformation dieser Figur vom ‚Nicht-Sehenden' zum ‚Sehenden' stets ein Fenster präsent? Weil es, wie Gérard Wajcman (2004) mehrfach in seinem Buch erklärt, durch seine trennende Kraft gleichzeitig ein Subjekt, ein Objekt und eine Distanz zwischen den beiden einführt. Das ist es wortwörtlich, was uns die allerletzte Einstellung der ersten Sequenz in drei aufeinander aufbauenden Stufen zeigt: Zunächst sehen wir Victor im Mittelgrund, wie er in einem Baum auf einem Ast sitzend vor und zurück schaukelt; als Nächstes führt uns ein schwindelerregendes Auszoomen auf eine übergreifende Ebene, in der das Kind, nun ganz klein und verloren in der Landschaft, sich im Bild nur noch durch seine Bewegung zeigt; und schließlich verengt sich die Irisblende und zeigt das Kind, das man nun im Bild kaum noch ausmachen kann: so bilden sich auf der Ebene der Aussage ein Objekt (das Kind), eine Distanz (Auszoomen), ein Fenster (die Blende) und

---

14 Man könnte diese letzte Einstellung als Vorwegnahme dessen betrachten, was später passiert: Victor verlässt die Einrichtung mit Mme Guérin.

damit ein Subjekt (der Zuschauer). Die diegetischen Fenster, die im Folgenden den Film bevölkern, sind nicht mehr als eine Deklination dieses Anfangsdispositivs, ein Ensemble an Formen, bei dem Objekte, Subjekte und auch die Blickrichtung variieren, in dem Bewusstsein, dass das Bild sich meist aus zwei Blickwinkeln zusammensetzt: dem von einer oder mehreren Personen und dem der Kamera. Letztere ist demnach entweder im Haus und zeigt das Äußere, oder sie ist draußen und richtet ihren Blick ins Innere; sie kann sich auf derselben Seite des Fensters befinden wie die Person oder auch nicht; die Personen teilen mit ihr den Raum oder werden durch das Fenster auf Abstand gehalten etc. In diesem komplexen Ensemble an Bildern gibt es viele Einstellungen, in denen Victor am Fenster steht und hinausschaut während er ein Glas Wasser oder Milch trinkt (vgl. Abb. 3–6).

Abbildungen 3–6   DVD-Stills aus *L'enfant sauvage* © MGM 2001

Diese Beispiele zeigen das Kind der Natur, oder genauer, Wajcman folgend, einer Natur zugewandt, die durch den Rahmen eines Fensters zur Landschaft wird nach der Formel „die Landschaft = die Natur + ein Rahmen" (Wajcman 2004, S. 188) und entsprechend auf Distanz gehalten wird:

> „Die Distanz, um die es geht, ist nicht quantitativer, sondern qualitativer Art, die Distanz besteht in der Trennung [...] man nimmt eine Landschaft immer von einer Stelle außerhalb der Landschaft aus wahr, oder von einer Stelle in der Landschaft durch innere Abgrenzung von der Landschaft. Dieser externe Punkt oder diese inne-

re Abgrenzung bezeichnet die Perspektive als Standpunkt. Der Standpunkt ist nicht
nur ein geometrischer Punkt, er ist das Fenster, durch das man schaut, der Fixpunkt,
an den man anknüpft, das Fenster, hinter dem man sich verschanzt, er ist das Fenster
als Ort, das Fenster als Architektur." (Ebd., S. 250)

Im Wald rennt, isst, trinkt und lebt Victor, aber er sieht die Landschaft nicht. Das
Fenster bietet ihm den nötigen Rahmen und die nötige Perspektive, um die Landschaft zu betrachten und daraus Vergnügen zu ziehen. Das ist es, was Itard denkt
und sich aus dem Off wie folgt dazu äußert:

> „Es ist einer der seltsamsten und, wenn ich das so sagen darf, anrührendsten Bilder,
> die Freude zu sehen, die sich beim Anblick von Hügeln und Wäldern in den Augen
> dieses Kindes zeigt. Es scheint, dass die Türen des Wagens der Gier seiner Blicke
> nicht standhalten können". (*Der Wolfsjunge*, 00:34:00)[15]

Etwas später:

> „Victor hat sich eine deutliche Vorliebe für Wasser bewahrt, und seine Art es zu trin-
> ken deutet darauf hin, dass er daraus ein sehr großes Vergnügen zieht. Beim Trinken
> stellt er sich häufig ans Fenster mit Blick auf die freie Natur, als ob dieses Naturkind
> in solchen Momenten des Genusses versuche, die einzigen Freuden, die den Verlust
> seiner Freiheit überlebt haben, miteinander zu verbinden: das Trinken klaren Was-
> sers und das Betrachten von Sonne und freier Natur." (*Der Wolfsjunge*, 00:51:54)[16]

Wenn nach Wajcman „ein Fenster das, was man sieht, in Erinnerungen zu verwandeln scheint", wenn „jedes Bild das, was es zeigt, in die Vergangenheit verweist und
aus dem Abgebildeten für unsere Augen einen Abschiedsgruß formt", wenn „man
durch das Öffnen der Fensterflügel nach außen ein Fenster auf die Zeit öffnet"
(Wajcman 2004, S. 189), dann betrifft dies den jungen Victor in doppelter Weise,
da für ihn dieses Bild der Natur per Definition nichts anderes ist als das Bild einer
längst vergangenen Zeit, das Bild des Ortes, aus dem man ihn herausgerissen hat.
Das Fenster ist also das Instrument einer doppelten Distanz, einer örtlichen und
einer zeitlichen, vom Subjekt und vom Objekt des Blicks. Für Victor verkörpert es
den Ort nostalgischer Betrachtungen wie auch die Versuchung, in sein Leben als

---

15   Der Off-Monolog greift im Wesentlichen eine Passage aus dem *Gutachten* auf (vgl.
     Malson 1964, S. 157).

16   Der Monolog lehnt sich eng an eine Passage des *Berichts* an (vgl. Malson 1964,
     S. 206–207).

Wilder zurückzukehren. So manches Mal verraten die Blicke des Kindes während der Übungen seine Ablenkung und wählen als Objekt eher das Fenster und die Vögel im Freien als die Objekte, die der Doktor sich abmüht, ihm nahezubringen. Eines Tages, am Fenster stehend, wird Victor unwiderstehlich vom Freien angezogen; er nutzt, dass Itard ihm den Rücken zukehrt und verschwindet leise, um sich in die Linde im Garten zu setzen, in ein Reich zwischen dem Drinnen und der freien Natur, und dort vergangene, wohlbekannte Gefühle auszukosten.[17] Itard erschrickt sehr, ruft nach Mme Guérin und fragt sie, ob sie Victor gesehen habe. Die beiden Erwachsenen erscheinen daraufhin jeweils in einem Fenster, um nach dem verschwundenen Kind Ausschau zu halten – dargestellt in einem Bild, das einen Standpunkt nahe dem des Kindes im Baum einnimmt. Diesmal ist es nicht die freie Natur, die in der Ferne liegt, sondern das Haus, die Kultur, die Wissenschaft.

Abbildung 7   DVD-Still aus *L'enfant sauvage* © MGM 2001

Später verschwindet das Kind ohne Vorwarnung erneut, diesmal für eine längere Zeit, um den Wald, der ihm verloren gegangen ist, wiederzufinden. Hierzu steigt er aus einem Fenster, macht also eine Tür, eine Schwelle daraus. Der mächtige „Durchblick"[18] hat den Körper mitgerissen. Die Blickrichtung, die vom Auge zu seinem Objekt – hier der freien Natur – führt, ist zu einem Trajekt geworden, das den Körper zur Bewegung animiert. Das Bild der freien Natur ist für Victor wieder zu einer Welt geworden, die es im Laufschritt zu durchschreiten, zu durchqueren gilt.

---

17   Man wird an das letzte Bild der Anfangssequenz erinnert, in der man den Wolfsjungen sieht, nackt, auf einem Baum sitzend. Andere Bilder zeigen ihn im Garten, wie er an Empfindungen von einst anknüpft: im Regen oder auch des Nachts im Mondschein, während Itard am Fenster steht, um ihm zuzuschauen und die Distanz zu ermessen.

18   Wajcman 2004, S. 95. – Im Französischen steht hier *vision transversante*, was als *Durchblick* eine wörtliche Übersetzung des Lateinischen *perspectiva* ist. (Anm. Übers.)

Anders als bei Antoine Doinel am Ende von *Les 400 Coups* (dt. *Sie küßten und sie schlugen ihn*, 1959) endet die Flucht von Victor jedoch mit einer Rückkehr zum Haus, wo der Junge erneut am Fenster erscheint, nur um ein paar Einstellungen später im letzten Fenster des Films wieder zu verschwinden: der finalen Irisblende.

Abbildungen 8 und 9 DVD-Stills aus *L'enfant sauvage* © MGM 2001

Somit unterscheidet sich der Verlauf von Victors Leben im Film von demjenigen, über das Itard in seinen Schriften berichtet. Es handelt sich vor allem um einen räumlichen Verlauf, der vier Etappen umfasst: das Leben im Wald, ohne Fenster und ohne Blick; die Gefangennahme, ein Leben in einem Haus mit Fenstern und distanziertem Blick auf die freie Natur, aus der er kommt; die Flucht durch das Fenster, die Rückkehr in die Natur, die Aufhebung der Distanz; die Entscheidung für die Rückkehr ins Haus, zum Fenster, zur Landschaft in der Ferne. Die große narrative Transformation ist vorhanden: Wird Victor auch eingangs mit Gewalt aus seinem Wald gerissen, so beruht seine Rückkehr am Ende auf seiner Entscheidung.

Als er ganz am Anfang beim Doktor ankommt und Mme Guérin ihm das Haus zeigt, besteht sie auf der Klarstellung, das dieses Zimmer „[s]ein Zimmer, [s]ein Zimmer für [ihn]" sei. Am Ende, bei seiner Rückkehr nach seiner Flucht, erklärt Itard ihm noch einmal, dass er hier bei sich zu Hause sei. Wenn üblicherweise, wie man es bei Wajcman lesen kann, das Haus das Intime darstellt, und wenn der Blick durch ein Fenster bedeutet, dass man sieht, ohne gesehen zu werden (vgl. Wajcman 2004, S. 455), so ist das für den Wolfsjungen von Truffaut ganz anders: Das Zuhause im Film (das im *Gutachten* und im *Bericht* von Itard nicht thematisiert wird) ist für das Kind kein Ort der Intimität. Wenn ihm Kost und Logis gewährt werden, dann unter einer Bedingung: dass er akzeptiert, zu jeder Tages- und ggf. Nachtzeit unter den Augen des Forschers zu sein, dass er seinen Körper der Wissenschaft schenkt, dass er ein Objekt der Erkenntnis ist.

Victor unter den Augen der Wissenschaft: Das ist es, was in verdichteter Form die Szene symbolisiert, in der Itard und Pinel das Kind in der Taubstummenanstalt aufnehmen, insbesondere die Einstellungen vor dem Spiegel. Dabei sieht man, wie Victor sein Spiegelbild entdeckt. Aber diese Einstellungen zeigen auch Pinel und Itard, die Weisen bzw. die *Akteure der Wissenschaft*, wie sie das Kind beobachten, das *Objekt der wissenschaftlichen Studie* (hier findet man die Konstellation Fenster-Spiegel, Subjekt und Objekt der Betrachtung wieder); hier schlägt Itard die „originelle" Übung mit dem Apfel vor. Das ist bereits *Wissenschaft in der Praxis*; der Spiegel reflektiert auch die Kulisse hinter den beiden Männern: die Zeichnung eines Hörgeräts, das die Wissenschaft im Bild verkörpert; und schließlich zeigt die Einstellung um den Spiegel herum Bücher, welche die Wände bedecken, also die *schriftlich festgehaltene Wissenschaft*. Diese Szene schafft es in verdichteter Form, die Wissenschaft in allen ihren Stadien darzustellen, und deutet auf künftige Versuchsszenen beim Doktor hin.

Hier gibt es also eine Umkehrung der Konfiguration Fenster/Innen/Außen: Wenn die Erfindung des Fensters in der Renaissance zur Erfindung des Intimen im Inneren führte, so ist für diesen Wolfsjungen das Innere ganz im Gegenteil der Ort des „Extimen" (vgl. Wajcman 2004, S. 469). Die Formel Wajcmans „sehen ohne gesehen zu werden" wird hier zu „sehen und gesehen werden". Es sei erwähnt, dass Victor, als er im echten Leben (diese Episode kommt im Film nicht vor) eindeutig bewiesen hat, dass er die gesprochene Sprache nicht lernen kann, gewissermaßen eingeladen wird „sich anderswo sehen zu lassen"; er wird vom Doktor hinauskomplimentiert und hat nur noch Mme Guérin, die sich um ihn kümmert. Die Wissenschaft hat aufgehört ihn zu betrachten, ein Fenster hat sich geschlossen.

Obwohl das Studienobjekt, das der Fall *Victor von Aveyron* darstellt, bereits ausgiebig interpretiert wurde, gibt es uns immer noch Rätsel auf. Zur Faszination, die er weiterhin ausübt, kommt eine reale Komplexität, hier gesteigert durch die Tatsache, dass die beiden analytischen Sichtweisen mit unseren jeweiligen Disziplinen verbunden sind. Auf das *Gutachten* und den *Bericht*, die eine echte Erfahrung auf wissenschaftliche Weise darlegen und in der ersten Person abgefasst sind (d. h. in denen der Autor authentisch und ausdrücklich mit eingeschlossen ist), pfropft der Film einen mehrdeutigen narrativen Zusatz, der zwar seinem auf den ersten Blick nicht-autobiografischen, fiktiven Charakter verpflichtet ist, aber von vielen Elementen aus dem Leben Truffauts gespeist wird, sodass letzterer recht stark in seinen Film einbezogen ist, wenn auch auf andere Weise als Itard in seine Schriften. Zwischen dem Text und seiner Adaption für die Leinwand wird eine Diskrepanz deutlich, die die Analyse zur Kenntnis nimmt und die sich in einem Phänomen der Persönlichkeitsspaltung niederschlägt: Auf dem Weg vom Papier zur Leinwand wird Itard zum zwiespältigen Wesen, einer Überlagerung von Figur und Schauspieler-Regisseur, wodurch Victor spiegelgleich zu einem Wesen mit zwei Gesichtern wird.

Die Erzählung teilt sich in zwei parallele Stränge: die Geschichte eines Erziehers, der versucht, einen Wolfsjungen mit experimentellen Methoden zu behandeln und zu erziehen, und die des Filmemachers, der ein Kind durch das Kino erzieht.

Die klinische Analyse der erzieherischen Beziehung und ihrer psychischen Mechanismen hat unsere Aufmerksamkeit auf eine dritte Figur gelenkt: die Gouvernante, die sich als maßgeblich für die Entwicklung des Kindes erwiesen hat. Ihre Intervention und ihre Stellung erhellen den Transformationsprozess des Wolfsjungen bei der Aneignung neuen Wissens. Sie verkörpert den symbolischen Dritten, der für die Vermittlung des Lernprozesses unverzichtbar ist. Das *Gutachten* und der *Bericht* zeigen, dass Itard es Mme Guérin überlässt, ihre Mission zu erfüllen; die Bedeutung ihrer Funktion scheint er jedoch nicht zu beachten. Was Truffaut betrifft, so nimmt er vorsätzlich Mme Guérin ihre Rolle als Erzieherin, um sich des Kindes im Inneren des Bildes zu bemächtigen (da er ja selbst Itard spielt). Diese Parteilichkeit, weniger direkt im Szenario oder dem offensichtlichen Inhalt des Films erkennbar als in den Modalitäten der bildlichen Darstellung, Regieführung und Kadrierung, führt zu einer Darstellung, welche die Figur einer besitzergreifenden, allwissenden Mutter evoziert, die in ihrer Wahnvorstellung einer exklusiven Beziehung zu ihrem Kind gefangen ist. Diese exzessive, um nicht zu sagen übergriffige Dimension der Stellung Itard/Truffauts entsteht aus der weiter oben erwähnten Überschreitung narrativer Grenzen im Film. Gerade dieser progressiven Bewegung der Ko-Konstruktion folgen unsere beiden Analysen, einer Bewegung, an deren Ende unsere Disziplinen nicht mehr nebeneinanderstehen, sondern zu einer wahrhaft interdisziplinären Vorgehensweise zusammenwachsen. In demselben Geiste stellen wir fest, dass unsere beiden Ansätze – klinisch, filmisch – sich an einem präzisen und entscheidenden Punkt treffen, und dass sie darin münden, eine gemeinsame Konfiguration auszuarbeiten. Der Begriff des *Bezugs zum Wissen*, mit dem wir den Lehr-Lern-Prozess und die psychische Lage des Erzieher-Doktors erfassen konnten, scheint uns nun eine große inhaltliche Nähe zum Begriff des *Blicks* aufzuweisen. Der eine wie der andere führt nämlich ein Subjekt ein, das mit einem Objekt verknüpft ist, und gleichzeitig ein Spiel mit der Distanz zwischen den beiden. Es handelt sich um eine dreifache Distanz: räumlich, zeitlich und psychisch. Das Fenster, das im Film auf fast zwanghafte Weise den Fixpunkt symbolisiert, von dem aus wir Victor kennenlernen, wie er lernt, das zu sehen, was ihn umgibt und woher er kommt, ist in gewisser Weise auch in den Texten Itards präsent. Die Unterteilung des *Gutachtens* in Kapitel, die vom Autor „Einblicke" genannt werden, erinnert uns daran, dass für Wajcman das ursprüngliche Fenster dasjenige ist, welches sich zwischen das Subjekt und die Welt schiebt: das Augenlid. Dieses Kind der Wälder zu behandeln und zu erziehen bedeutet zunächst, es zu betrachten. In diesem Sinne ist der Bezug zum Wissen bei Itard im Bereich des Blicks angesiedelt.

Übersetzung aus dem Französischen von Judith Keinath.

Filme

L'enfant sauvage (dt. Der Wolfsjunge, F 1970) Regie: Francois Truffaut. DVD MGM 2001
Les 400 Coups (dt. Sie küssten und sie schlugen ihn, F 1959) Regie: Francois Truffaut. DVD Studio Canal 2011

Literatur

Bazin, A. (1985). Qu'est-ce que le cinéma?. Paris, Editions du Cerf.

Beillerot, J. (2005). Rapport au savoir. In Philippe Champy (Hrsg.) Dictionnaire encyclopédique de l'éducation et de la formation (1994) (S. 839–840). Paris, Retz.

Beillerot, J., Blanchard-Laville, C. & Mosconi, N. (Hrsg.) (1996). Pour une clinique du rapport au savoir, Paris, L'Harmattan.

Blanchard-Laville, C (2009). Entretien par Philippe Chaussecourte, In Cliopsy, 1 (S. 7–24). www.revue.cliopsy.fr. Zugegriffen: 17.12.2017.

Blanchard-Laville, C; Chaussecourte, P., Hatchuel, F. & Pechberty, B. (2005). Recherches cliniques d'orientation psychanalytique en sciences de l'éducation, In Revue Française de Pédagogie, 151 (S. 111–162).

De Baecque, A. & Toubiana, S. (1996). François Truffaut, Paris, Gallimard.

De Lajonquiere, L. (2013). Figures de l'infantile, Paris, L'Harmattan.

Deleuze, G. (1998). Qu'est-ce que l'acte de création? (1987). In Trafic, 27 (S. 133–142).

Gineste, T. (2004a). Victor de l'Aveyron: dernier enfant sauvage, premier enfant fou, Paris, Hachette.

Gineste, T. (2004b). Le Lion de Florence, Paris, Albin Michel.

Malson, L. (1964). Les enfants sauvages. Mythe et réalité, Paris, 10/18.

Mannoni, O. (1985). Clefs pour l'imaginaire ou l'Autre scène (1970), Paris, Seuil.

Metz, C. (1991). L'énonciation impersonnelle ou le site du film, Paris, Meridiens Klincksieck.

Rehm, J.-P. (2004). L'enfance à la fenêtre. In Cahiers du cinéma, 592, (S. 29).

Stern, D. N. (1989). Le monde interpersonnel du nourrisson, Paris, P.U.F.

Truffaut, F. (1970). Comment j'ai tourné L'enfant sauvage. In L'Avant-scène Cinéma, 107, (S. 8–10).

Wajcman, G. (2004). Fenêtre. Chroniques du regard et de l'intime, Lagrasse, Verdier.

Winnicott, D. W. (1972). Influencer et être influencé. In L'enfant et le monde extérieur (1941) (S. 37–42). Paris, Payot.

Dialektik der Übertragung, Subversion der Autorität

André Michels

Der Film *Der blaue Engel* ist ein Monument der Filmgeschichte und ein nicht unwesentlicher Zeuge der Zeitgeschichte. Gedreht um die Jahreswende (1929/30) kündigte er andere Wenden, Umwendungen an. Es war kurz vor der Machtergreifung durch die Nationalsozialisten, kurz nach dem Börsen-Crash an der Wall Street von 1929, zu einem Zeitpunkt also, wo die alte Ordnung noch stand, aber bereits in einem Auflösungsprozess begriffen war, wo sie progressiv und zugleich brutal ihrer Substanz entledigt wurde. Sie wurde mehr und mehr auf ihre Hülse reduziert und befand sich einer inneren *Leere* gegenüber, über die sie sich selbst nicht mehr hinwegtäuschen konnte. Welche *Lehre* daraus ziehen? Darüber gibt uns der Film einigen Aufschluss.

1 Verfall einer Ordnung

In einer Umkehrung der altgriechischen Sequenz, die eine Komödie auf drei Tragödien folgen lässt, an eine tragische Trilogie sozusagen als ihren Abschluss anschließt, beginnt *Der blaue Engel* als Komödie und endet in einer Tragödie, im tragischen Zerfall der Autorität. Nachdem die Figur der Autorität, ihr Repräsentant, ins Lächerliche gezogen, nachdem sie bereits von innen nach außen und von außen nach innen gedreht und verdreht worden war, vermochte sie die Konfrontation mit dem Ort ihrer Herkunft nicht zu überleben. Professor Rath/Unrat sollte in seiner Heimatstadt nicht nur als Clown, sondern als die ins Clowneske defigurierte Auto-

© Springer Fachmedien Wiesbaden GmbH, ein Teil von Springer Nature 2018   63
J.-M. Weber et al. (Hrsg.), *Lehre im Kino*, Medienbildung und
Gesellschaft 38, https://doi.org/10.1007/978-3-658-17014-1_4

rität auftreten, als der zum Clown degradierte, hochangesehene „hiesige" Professor Rath. Die Komödie schlägt am Ende ins Tragische um.

Ist es zu weit gegriffen, eine Parallele zur Zeitgeschichte herzustellen, zu behaupten, dass der Film eine politische Tragödie im Anschluss an die Weimarer Komödie ankündigt? Josef von Sternberg kommt eigens aus den USA angereist, wo es ihn bereits hingezogen hatte, nicht nach Weimar, sondern nach Berlin, dem Ort des kulturellen Geschehens und der politischen Wende. Nach Abschluss der Dreharbeiten kehrt er sofort wieder dorthin zurück, von wo er gekommen war, kurz darauf gefolgt von Marlene Dietrich. Es war nur ein kurzer Abstecher, wie ein Hinweis auf das Kommende, wie ein letzter Fingerzeig vor der Katastrophe. Der Stoff stammt aus einem Roman von Heinrich Mann, der für den Film von Carl Zuckmayer umgeschrieben worden war.

Es ist die Rede vom Verfall einer alten Ordnung, deren politische, ökonomische und geschichtliche Dimensionen stets mit angesprochen werden. Auf der Ebene des Films, der Bühne des *Blauen Engels*, nimmt der Niedergang, Untergang, die Form eines subjektiven Dramas an, das jedoch weit über das Einzelschicksal hinausgeht. Genial an der filmischen Konstruktion ist, dass sich das Hauptgeschehen stets auf einer anderen Bühne abspielt, da sich hinter einer Szene jeweils eine andere versteckt und wir uns immer wieder auf einem Nebenschauplatz befinden. Das wahre Geschehen wird ‚nur' angedeutet.

2 Szenenwechsel

Wichtig sind vor allem die Übergänge von einer Szene in die andere, die als ebenso viele *Übertragungen* zu verstehen sind. Es sind jene eines Stoffes, der nicht so gesagt oder dargestellt werden kann, wie er ist, sondern immer nur im *übertragenen* Sinn. Zu seiner Übermittlung bedarf es eines Dispositivs, das uns erlaubt, einige Bemerkungen zum komplexen Thema der Übertragung sowohl im filmischen als auch im schulischen Bereich zu machen.

Die Filmszene, als eine Ebene und ein Produkt der Fiktion, entspricht bis ins letzte Detail der Struktur des Phantasmas, die Freud (1900) und, nach ihm, Lacan herauszuarbeiten versucht haben. Sie zeichnet sich dadurch aus, dass sie mit den Mitteln der Fiktion das darzustellen versucht, was in einer gegebenen Szene nicht darstellbar ist, sondern auf eine andere Szene verschoben, übertragen wird, auf der, in der sich das wahre Geschehen abspielt. Dieses wird immer nur angedeutet, weil es nicht direkt, sondern nur im *übertragenen* Sinn gesagt oder gezeigt werden kann.

Die Suche nach der Wahrhaftigkeit, auf der ihre Glaubwürdigkeit beruht, ist sowohl Ausgangspunkt als auch Ziel der poetischen Gesetze, denen die Fiktion unterliegt. Der Hinweis auf die andere Szene, den „anderen Schauplatz" (ebd., S. 141), gehört zu den Voraussetzungen der Fiktion. Zu ihrer Bestimmung ist jedoch die „Verschiebung" allein nicht ausreichend. Diese steht „im Dienste der Verdichtung" (ebd., S. 344), der Metapher, könnte man hinzufügen.

Die Metapher, die griechische Übersetzung von Übertragung, produziert die Möglichkeit eines Sagens, in Anbetracht seiner Unmöglichkeit, des „Realen", würde Lacan sagen. Konstitutiv für die Fiktion ist demnach, neben dem strukturellen Kontext aus dem sie hervorgeht, neben dem Text an dem sie schreibt, das Reale *jenseits* des Textes, des Verses, *„au-delà du verset"* (Lévinas). Die Wahrhaftigkeit der Fiktion findet ihr Maß erst im Bezug zum Realen. Ohne diesen Hinweis auf das Reale, der zu ihrer Verankerung beiträgt oder als solche verstanden werden kann, wäre die Fiktion unwahr, d. h. sie würde ihre Aussagekraft verlieren. Der Film würde zum reinen Kitsch werden.

3   Welche Zäsur?

Dies ist bei Josef von Sternberg in keinem Augenblick der Fall, obschon er mit Vorliebe mit den Grenzen des Genres spielt und diese nur allzu gerne überschreitet. Es sind Stilmittel, die uns zeigen, worin der eigentliche Kitsch besteht. Zum Beispiel in der Szene zwischen dem Professor und dem Schuldirektor, in jener, im vollen Ernst des Ausdrucks und im Brustton der Überzeugung, hervorbringt: „Ich verbiete mir diese Bemerkung. Sie sprechen von meiner zukünftigen Frau." Worauf dieser entgegnet: „Das darf doch nicht Ihr Ernst sein." Es ist eine Schnittstelle, die letzte Aussage, der letzte Auftritt, das letzte Erscheinen in der alten Ordnung, bevor Rath definitiv in die neue hinüber- und hinuntergleitet. Es ist der Beginn seines sozialen Abstiegs.

Was heißt hier „Ernst"? *The importance of being earnest* heißt Oskar Wildes Komödie, die ihrerseits nicht über die Tragödie hinwegtäuschen kann, die sich im Leben ihres Autors anbahnt. Rath tritt aus der Ordnung des Ernstes hervor, sozusagen aus, als ihre Karikatur, und in jene der Komödie ein, ohne zu wissen, dass sie tragisch ist, sein wird und bald gewesen sein wird. Alles geht jetzt sehr schnell, nachdem der Schnitt einmal gemacht wurde, der ihn mit dem wahren, dem bitteren Ernst seines Schicksals konfrontieren wird, letztendlich mit dem Tod. Dieser, als letzte Zäsur, verleiht allen anderen, ihm vorausgehenden, ihren Stellenwert.

Die erste Zäsur, gleich zu Beginn des Filmes, wird durch den Tod des Kanarienvogels dargestellt, symbolisiert. Ein Tod, der einen anderen ankündigt? Er bricht wie eine böse Vorahnung in das friedliche, alltägliche Frühstücksritual ein. Die Zäsur wirkt wie der Einbruch, Ausbruch eines Realen, der Hinweis auf eine schreckliche Realität, eine Realität des Schreckens, jenseits des Rituals. Von Anfang an werden wir mit einer doppel-, ja mehrbödigen Realität und auch Moral konfrontiert. Unter dem Boden befindet sich ein anderer Boden, von dem wir aber nicht annehmen können, dass es der Letzte sein wird, die letzte Schicht um den harten Kern des Realen.

Diesen gilt es zu umhüllen. Es ist die Funktion der Fiktion einerseits, des Phantasmas andererseits, den Hauptprotagonisten davor zu schützen. Umso unvorbereiteter ist er, wenn das Reale sich manifestiert, und umso brutaler bricht es hervor, um seinen, den Normen der Zeit gefügigen, Lebenslauf und -wandel zu unterbrechen, letztlich zu zerstören.

4 Fratze der Autorität

Hinter der Fratze der Autorität, die Emil Jannings mit einer solchen Intensität darstellt, dass sie in jedem Augenblick in ihr Gegenteil umzuschlagen droht, tritt sie als ihre Karikatur hervor. Mit deren Mitteln gelang es von Sternberg, das wahre Gesicht der Autorität, nämlich ihre Fratze, aufzuzeigen. *Was heißt Autorität?* ist die Frage, die sich im Augenblick ihrer Subversion aufdrängt. Der Film liefert ein hervorragendes Material zur Darstellung, Elaborierung des „autoritären Charakters" (vgl. Adorno 1995), der dem Selbstverständnis der alten Ordnung entsprechend, durch den autoritären Vater oder dessen Vertreter dargestellt wird.

Hinter der Fassade der Autorität zeigt sich eine sehr milde Person, die dem Kanarienvogel entgegenzwitschert, dem einzigen Objekt, dem er zunächst einen emotionellen Ausdruck der Wärme, gar einen Liebesaffekt entgegenbringt. Als sein Zwitschern nicht erwidert wird, muss er feststellen, dass der arme Vogel längst tot ist. Er ist wie erstarrt, bringt kaum ein Wort über die Lippen, nicht einmal der Entrüstung, nachdem die Haushälterin kurzerhand den toten Vogel in den brennenden Ofen wirft. Hinter der Fassade der Autorität zeigt sich eine zarte, sensible Natur; die eigentlich Hartgesottene ist die Haushälterin. Professor Rath kann einem leidtun.

Aber dann geht's los, ab in die Schule, mit Frack und Zylinder, den Symbolen seiner Autorität. Doch noch bevor er dort ankommt, ist diese bereits unterwandert, untergraben – durch den Signifikanten *Un*. Er ist wie eine linguistische Instanz, die über eine Sache verfügt, die in der Lage ist, sie in ihr Gegenteil zu verwandeln, in eine Un-Sache, einen Namen in einen Un-Namen und Professor Rath als Professor Un-Rat zu betiteln. Mit dieser Namensänderung droht er selbst zum „Unrat",

Abfall einer längst aufgehobenen Ordnung zu werden. Eine Silbe also, zwei Buchstaben, mit denen ein dreister Schüler auf dem Klassenbuch seinen Namen markiert, genügen, um ihn zu unterminieren, seine Autorität zu ruinieren. Zunächst als Scherz gedacht, führen sie eine Zäsur ein, die eine Welt ins Wanken bringt. Aus dem *Un-* hätte auch ein *Ver-* und damit ein „Verrat" werden können. Verrat von wem? An wem? Ein Verrat zu dessen Instrument Rath selbst wird.

Die Symbole der Autorität werden progressiv ins Lächerliche gezogen und in ihr Gegenteil verwandelt, ins Clowneske. Der Frack des Professors wird zu jenem des Clowns, der Zylinder und der Schnurrbart erleiden dasselbe Schicksal. Der Klassenprimus, der einzige, der sich der Autorität unterworfen hatte, wird unfreiwillig zum Ort ihres Einbruchs, Umbruchs. Im Film folgt ein Umbruch auf den anderen, ein Moment des Übergangs auf den anderen, die ebenso viele Momente der Übertragung sind.

5 Erotik der Übertragung

Josef von Sternberg zeichnet nicht nur eine Karikatur des autoritären Charakters in der Vor-Nazizeit, was den Film zu einem ganz besonderen Zeitdokument macht, sondern er zeigt uns anhand eines vorzüglichen Beispiels, was sich hinter den Kulissen abspielt, auf welchem Weg die Subversion progressiv eingefädelt wird und, Schritt für Schritt, vor sich geht. Rath wird unmerklich, ohne wirklich Widerstand zu leisten, in eine andere Welt hineingezogen, in der andere Regeln gelten und die Erotik vorherrschend ist. Dargestellt durch eine „Dame", die nicht nur einer anderen sozialen, sondern auch psychischen Schicht angehört, rührt sie an etwas, dem gegenüber der Professor nicht mehr gewappnet zu sein scheint, bei dem es ihm um Kopf und Kragen zu gehen droht. Lola ist die Figur, die die Wiederkehr des Verdrängten annimmt, die fortan das Heft in die Hand nimmt und das bis dahin geltende Recht, wie im Handumdrehen, außer Kraft setzt.

Übertragung darf man deshalb als Moment des Einbruchs einer anderen Ebene oder Schicht ansehen, die zunächst unsichtbar bleibt, bleiben soll, aber es nicht unbedingt bleiben kann. Der Rahmen der Schule ist von vornherein unterwandert oder überschritten, überstiegen. Der Lehrer ist längst nicht mehr Herr im eigenen Haus, im eigenen Klassenraum, wenn er es je wirklich war. Er ist ebenso wenig Herr der Lage, wie er über das Wissen dessen verfügt, was sich vor seinen Augen und in ihm abspielt.

Rath steht sowohl einer Subversion als auch einer Transgression seiner Position machtlos gegenüber. Beide Momente werden durch eine, um einen oder zwei Auserwählte versammelte, Schülerschar dargestellt. Es ist die ganze Klasse außer einem, dem Musterschüler und Klassenprimus, der die Funktion hat, als Ausgeschlossener und durch sein Ausgeschlossensein die Schar der Schüler in ihrer Geschlossenheit zu konstituieren.

Nicht zu übersehen ist das zentrale Element, das wir aber zunächst nicht wirklich zu Gesicht bekommen, eine Karte, die wohl Lola die Tänzerin des *Blauen Engels* darstellt. Dies nehmen wir zumindest an, ohne uns dessen aber ganz sicher zu sein. Über einen endgültigen Beweis verfügen wir nicht. Wesentlich ist die Konstruktion der Szene um einen zentralen Punkt, der jedoch selbst zunächst unsichtbar, undarstellbar bleibt, bleiben muss. Großartig am Film ist, dass er mit den (damals) modernsten technischen Mitteln der Darstellbarkeit umso präziser das Undarstellbare hervorhebt, hervorbringt, für denjenigen, der sehen kann oder bereit ist, sich auf das einzulassen, was er trotz seiner Sehkraft und gerade aufgrund ihrer nicht sehen kann.

Gegenüber diesem aus dem Sehfeld ausgeschlossenen Ort, an dem sich, wie der Zuschauer immer mehr in Erfahrung bringen wird, das eigentliche Geschehen abspielt, gilt das Phantasma wie ein „unsichtbarer Schirm" (vgl. Lacan 1973), wie eine Projektionsfläche, auf der sich alle wesentlichen Elemente einschreiben. Auf dieser fiktiven Ebene, der Ebene der Fiktion, die der Film zu produzieren vermag, findet eine Übertragung statt und ist alles im *übertragenen* Sinn zu deuten. Das eigentliche Geschehen jedoch, die erotische Dimension der Übertragung, der das Phantasma, die Fiktion des Filmes eine Stütze verleiht, kann selbst dort nur an*gedeutet*, nicht gesehen werden.

6   Un-Dispositiv des Lehrens

Das *Lehren*, zumindest in Emil Jannings Darstellung, erweist sich demgegenüber wie das Vermitteln von Schablonen, die nicht einmal versuchen, über die innere *Leere*, die Sinnleere hinwegzutäuschen, die sie geradezu unterstreichen. Das *Dispositiv des Lehrens* wird zu einem Un-Dispositiv. Die Übermittlung des Wissens wird durch ein anderes Wissen unterwandert, das Wissen des Andern oder um das Andere, das zwar auf der Karte abgebildet, aber letztendlich unsichtbar, undarstellbar bleibt. Von diesem Anderen, Fremden, Anrüchigen, wofür es in seiner Welt bis dahin keinen Platz gab, fühlt sich der Professor derart angezogen, dass er bald nicht mehr in der Lage ist, irgendeine Form von Widerstand zu leisten.

Der Zuschauer aber, der außerhalb der Handlung steht und an den sie sich wendet, weiß. Er weiß Bescheid und kann nicht anders, weil er sich an einem Ort befindet, dem allein das Intimste zugänglich wird. Er weiß um den erotischen Inhalt des Geschehens, der sich nur in seiner Verhüllung zeigt und als verhüllt offenbart.

Er weiß um die Gefahr, die davon ausgeht und vor der er die Hauptfigur warnen möchte. Er möchte ihn vor dem *Realen des Triebes* (Lacan) in Schutz nehmen, von dem alle Aktion ausgeht und worauf sie wieder zurückkommt; ein Reales, demgegenüber das Phantasma eine Schutzfunktion einnimmt, das es jedoch zugleich aufzeigt, anzeigt.

Der Professor, der offiziell noch in der Position des Wissenden verharrt, wird unweigerlich von einem anderen Wissen angezogen, sozusagen aufgesogen, über das er nicht verfügt und das ihn umso mehr in seinen Bann schlägt. Er ist dabei nicht passiv, sondern trägt aktiv dazu bei, ohne es zu wollen und ohne zu wissen, wie es um ihn steht, was mit ihm geschieht, unter dem Vorwand, dass er das genaue Gegenteil will. Unter dem Vorwand der moralischen Entrüstung, der Abwendung der Gefahr, sucht er gerade diese auf und erkennt in ihr die Wiederkehr des Verdrängten.

7   Welches Wissen?

Lacans Hinweis, dass es *jenseits* der Darstellung noch etwas Anderes, eine andere Ebene gibt, ist sehr hilfreich. Es ist die Funktion des Genießens (*jouissance*), die hier ins Spiel kommt und in dessen Sog Professor Rath unweigerlich gerät. Es ist die Position des Genießens, der er ein Wissen unterstellt und von der er mehr wissen, mehr in Erfahrung bringen möchte. Eine Position, die in *König Ödipus* von *Teiresias* eingenommen wird. Im Mythos befindet sich der blinde Seher in der Position des einzigen Mannes, der je als Frau genossen hat, am weiblichen Genießen teilgenommen hat. Er verfügt deshalb, der Sage nach, über ein mit jedem anderen unvergleichbares Wissen. Das ist der Grund, weshalb Teiresias manchmal als der „Schutzheilige" (*patron*) der Psychoanalytiker angesehen wird. Er weiß um die Wahrheit, die Lacan als Schwester des Genießens bezeichnet (vgl. Lacan 1991, S. 61ff).

Der Film illustriert eine bestimmte Variante der Übertragung als „*mise en acte de la réalité de la pulsion* (Agieren der Realität des Unbewussten), *en tant qu'elle est sexuelle* (insofern sie sexuell ist)" (Lacan 1973, S. 159). Es stellt sich nun die Frage: Übertragung von wem und auf wen? Welches sind die respektiven Positionen des Lehrenden und des Lernenden in Bezug auf die Übertragung? Auch wenn diese, der Form nach, wie ihre Umkehrung aussieht, so behält sie dennoch ihre wesentlichen Züge bei. Auch wenn die Schüler in Sachen Sexualität so unwissend wie der Lehrer sind, so vermitteln sie ihm dennoch indirekt einen Weg dazu, zu einem anderen Wissen. Eine Transmission von Wissen, die sich der Subversion eines bis dahin gültigen Dispositivs und seiner Autorität bedient. Diese wird dargestellt, um sie zu entweihen, ebenso wie den berühmten Satz „*To be or not to be, that is the question*", den Shakespeare, die höchste Autorität in Sachen Literatur, Hamlet in den Mund legt.

Im Film *Blackboards*, ein Fall von positiver Übertragung, hat die Tafel die Funktion einer Schnittstelle, die – in den ökonomischen Ablauf eingeführt – diesen vorübergehend aufhebt, um Raum für etwas Anderes zu schaffen, dem Anderen der Übertragung (vgl. dazu auch den Beitrag von Karl-Josef Pazzini in diesem Band). Diese bricht im *Blauen Engel* mit der Wucht ihrer erotischen Komponente ein, die den alltäglichen Ablauf des Schulunterrichts unterbricht und nicht mehr zur Ruhe kommen lässt. Dennoch trifft auch hier der Satz zu, dass sich der Lehrende vorwiegend vom Belehrten belehren lässt. Dieser schreibt jenem sowohl Inhalt als auch Form der Lehre vor. Es ist ihr allgemeiner Grundsatz und ein wesentlicher Bestandteil der Übertragung, d. h. Übermittlung des Wissens. Die Frage bleibt bestehen, wie sehr sich das Wissen durch seine Weitergabe verändert und wie viel Veränderung das Wissen selbst aushält.

Filme

Der blaue Engel (Deutschland 1939). Regie: Josef von Sternberg. DVD Universum Film GmbH, Berlin 2001.
Blackboards (Iran 2000). Regie: Samira Makhmalbaf. DVD Artificial Eye, London 2009.

Literatur

Adorno, T. W. (1995). *Studien zum autoritären Charakter* (10. Aufl.). Frankfurt/M.: Suhrkamp.
Freud, S. (1900/1999). *Die Traumdeutung*. Gesammelte Werke II/III. Frankfurt/M.: Fischer.
Lacan, J. (1973). *Les quatre concepts fondamentaux de la psychanalyse. Le Séminaire, livre XI*. Paris: Seuil.
Lacan, J. (1991). *Le séminaire livre XVII. L'envers de la psychanalyse*. Paris: Seuil.

Detachment

Transformationen eines Signifikanten

Jean-Marie Weber

Es gehört zur amerikanischen Filmtradition, Helden zu inszenieren: Beispiels-weise die Cowboys der Western-Filme, die neuen Raum erobern, erschließen und kultivieren. Auch eine Reihe von Lehrerfilmen funktioniert nach diesem Sche-ma (vgl. Bulman 2005). Sehr oft geht es dabei um charismatische Lehrer, welche gleich den Cowboys versuchen, an der Schulfront Probleme der US-amerikani-schen Gesellschaft Herr zu werden. Dies gilt auch in einem gewissen Maße für den Film *Detachment* von Tony Kaye, der 2011 in den amerikanischen Kinos erschien. Der Film zeigt den Vertretungslehrer Henry Barthes (Adrien Brody) als tragischen Helden, der an der Front einer individualistischen und neoliberalen Gesellschaft kämpft. Sein einmonatiger Aufenthalt an einer High-School dienen dem Dreh-buchautor Karl Lund, der früher selbst als Lehrer an einer *public school* unterrich-tete, dazu, sich auf die verschiedenen sozialen Bande zu fokussieren, welche sich innerhalb und um die Schule herum zwischen Subjekten konstituieren.

1 Psychoanalytisches Interesse am Film

In meiner psychoanalytisch informierten Beschäftigung mit dem Film geht es mir vor allem um das Begehren und Genießen der Filmfiguren. Leitende Fragen sind dabei: Wie gehen die Protagonisten des Films mit ihrem Begehren um? Wie entwi-ckelt sich dieses Begehren mittels Sprache und wie konstituieren sich die Figuren als Sprachwesen? Es geht mir dabei nicht allein um die Analyse der gesprochenen

© Springer Fachmedien Wiesbaden GmbH, ein Teil von Springer Nature 2018
J.-M. Weber et al. (Hrsg.), *Lehre im Kino*, Medienbildung und
Gesellschaft 38, https://doi.org/10.1007/978-3-658-17014-1_5

Worte. Die Gesten, Geräusche, das sich Situieren in Raum und in Zeitabläufen, die Kameraeinstellungen sind ebenfalls Elemente, welche helfen, das Begehren der Filmfiguren von Objekt zu Objekt entlang der filmischen Signifikantenkette gleiten zu lassen. Dabei stellt sich auch die Frage, wie die Figuren sich selbst durch Identifikationen in ihrem Begehren blockieren? Interessant ist es zu sehen, welche bewussten und unbewussten Kompromisse geschlossen werden und was sie wiederum mit uns als Betrachter*innen des Films machen.

Die psychoanalytischen Fragen an den Film sind mit anderen Worten: Wie verbinden die Figuren die psychischen Dimensionen des Realen, Symbolischen und Imaginären, um ihrem Begehren Raum zu geben?[1] An welche Ideale, welche „Namen des Vaters" (Lacan) wenden sie sich, beziehungsweise welche Symptome entwickeln sie dabei als das, was dann doch noch zusammenhält?

In einem gewissen Sinn spricht *Detachment* das an, worauf Jacques Lacan aufmerksam machte: nämlich den Niedergang der Imago des Vaters. Dabei ist der Vater Hauptelement in der symbolischen Ordnung, da er eine symbolische Distanz zwischen Kind und Mutter schafft (Lacan 1994, S. 161). Lacan schreibt an anderer Stelle dazu: „Die wahre Funktion des Vaters […] ist im Grunde genommen, das Begehren mit dem Gesetz zu verbinden (und nicht einander gegenüberzustellen)" (Lacan 1966, S. 824).

Diese Frage nach der Funktion des Vaters stellte sich auch Tony Kaye und sie gilt als einer der biografischen Aspekte dieses Films, denn er spricht davon, dass er seiner Tochter Betty in der Rolle der Schülerin Meredith besetzt:

> „She was only going to get the role if she was the best. I was quite prepared for her not to talk to me for years. […] When she was growing up I was away a lot of the time. […] I was always working. So it was wonderful, I mean it was a real gift from God, to be able to collaborate with her on the role and to hang out like we did. … How lucky am I?" (vgl. Levin 2012)

---

1   Mit dem Imaginären bezeichnet Jacques Lacan das Register, Bilder von sich und vom anderen zu entwickeln, wie erstmals im Spiegelstadium. Meinen so zu sein, wie man sich sieht oder wie ein anderer einen sieht, stellt allerdings eine Verkennung dar. Mit dem Symbolischen bezeichnet Lacan die Tatsache, dass der Mensch immer schon von Sprache, Diskursen und Regeln bestimmt ist und Welt auch so für sich kodiert und gerade deshalb auch in Distanz zum Sein gerät. Das Reale ist das, was noch nicht symbolisiert wurde oder werden kann, was sich dem Imaginären und der Symbolisierung widersetzt.

2 „Detachment" als Herrensignifikant

Entsprechend zum Titel des Films *Detachment* kommt es immer wieder zu Unterbrechungen, zu Ablösungen und Distanzierungen, aber auch zu Annäherungen des Protagonisten zu anderen Filmfiguren. Zunächst in Form von Erinnerungen, welche den Protagonisten nicht loslassen. Dann aber auch als Reflexionen, sozusagen im Nachhinein. Der Protagonist versucht, sich Distanz zu schaffen, zunächst zu den Schülern, zum Schulsystem, zu den Eltern, zu sich selbst und seiner Mutter.

Nimmt man den Filmtitel zusammen mit dem Zitat aus Camus' Text *Noces: le vent à Djémila* zu Beginn des Films, dann kann man *Detachment* als Herrensignifikanten (S1) im Sinne Lacans verstehen: „And never have I felt so deeply at one and the same time so detached from myself and so present in the world." (Camus 1959, S. 26)[2] „*Detachment*" wird in dieser Perspektive zu einem Signifikanten, der das Wissen des Films und seine Handlung organisiert, dem Diskurs einen gewissen Halt und dem/den Subjekt/en einen bestimmten Platz gibt (vgl. Sauret 2005, S. 10). Dem steht nicht entgegen, dass wie jeder Signifikant auch Herrensignifikanten mehrdeutig sind. Darüber hinaus kommt es darauf an, welchen Status der Signifikant innerhalb der Triade des Imaginären, des Symbolischen und Realen einnimmt. Dem will ich im Folgenden nachgehen.

Als Signifikant ist *Detachment* also mehrdeutig. Schaut man sich an, wie das Wort *Detachment* übersetzt wird, so findet man doch recht unterschiedliche Begriffe wie Abtrennung, Distanziertheit, Ablösung, Loslösung oder Abspaltung. Das Wort kann somit immer auf ein anderes Verhältnis zwischen Realem, Symbolischen und Imaginärem hinweisen. Demzufolge stellt sich die Frage, ob sich die Bedeutung des Signifikanten „Detachment" im Laufe des Filmes verändert und ob dies auch Verschiebungen bezüglich der Beziehungen der Hauptfigur andeutet.

Meine These diesbezüglich ist, dass es bei der Lehrerfigur Henry Barthes zu einer Bedeutungsänderung durch Differenzierung kommt: Von der imaginären Vorstellung, die Gefühle abzuspalten, findet er zu einer symbolischen Distanziertheit. Es ist das Wort „Detachment", welches sich schließlich zum „Namen des Vaters", als Wert und Ideal (vgl. Sauret 2005, S. 10) wandelt und so die psychischen Dimensionen des Realen, Symbolischen und Imaginären zusammenhält.

Ein Signifikant kann nie alleine stehen. Dafür muss der Signifikant sich auch mit dem Signifikanten (S2) der „Präsenz" wie im Camus-Zitat oder dem Wort „*Engagement*" verbinden. In dem anfänglichen Camus-Zitat situiert sich Henry Barthes als Subjekt zwischen zwei Signifikanten S1 und S2: *détachement* und *pré-*

---

2 Im französischen Original: „Jamais je n'ai senti, si avant, à la fois mon détachement de moi-même et ma présence au monde." (Camus 1959, S. 26)

sence. Als Ideal, welches dem Subjekt Identität verleiht – mit Lacan gesprochen: Als „Namen des Vaters" reichert der Herrensignifikant *Detachment* sich im Laufe der dargestellten Filmhandlungen und ihrer Effekte an. Er ermöglicht prinzipiell wie jeder „Name des Vaters" Distanz zum Genießen zu bekommen. Dies geschieht bei Henry Barthes in mehreren Etappen.

Von Beginn des Films werden die Zuschauer*innen immer wieder mit der Vergangenheit der Barthes-Figur konfrontiert. Wie auf einem Möbiusband zeigt sich in der filmischen Inszenierung Innen und Außen, Gegenwart und Vergangenheit als zusammenhängend und interdependent. Bilder oder kurze Szenen aus der Kindheit und von der Mutter werden eingeblendet und in der Gegenwart der Barthes-Figur aktualisiert. Somit kann der Zuschauer das Trauma von Henry Barthes situieren, das traumatische Reale, das immer wieder den Filmverlauf aufreißt und sich in das Geschehen und den Film einschreibt.

3   Distanz zu sich selbst und Abspaltung der Gefühle

Henry Barthes ist Vertretungslehrer. Nach seiner Aussage sei es ein Job, der einerseits keine definitiven Beziehungen riskiert. Er ist andererseits aber sehr risikoreich, erschöpfend und nicht unbedingt das Selbstwertgefühl stärkend. Vom Begehren als einem sich immer neu Positionieren und Entwickeln kann man diesbezüglich bei Barthes anfangs nicht sprechen. Vom Genießen aber wohl. Nach Lacan geht Genießen über die Lust hinaus und wird auch bei Barth hier als Leiden, als Lust am Schmerz erlebt (vgl. Lacan 1986, S. 184). „I'm money, I change hands like a dollar bill"[3], sagt Barthes angesichts seines Berufes als Ersatzlehrer.

Nachdem er sich in einer neuen Klasse vorgestellt hat, gibt er den Schülern sofort auf, einen Aufsatz über Tod und Identität zu schreiben. Dies ist sein Thema, das Trauma das ihn festhält: der Selbstmord seiner Mutter.

Das aber gefällt einem der Schüler nicht, was schließlich dazu führt, dass dieser die Mappe des Lehrers mit Wucht auf den Boden schmeißt. Daraufhin reagiert Barth „cool" indem er sagt: „That bag, It doesn't have any feelings. It's empty. I don't have any feelings, you can hurt either. Ok?" Und er schließt an „I understand you're angry. I used to be very angry too, Ok. I get it. You have no reason to be angry with me, because I am one of the few people that are here trying to give you an opportunity." Anschließend gibt er dem Schüler Schreibzeug und fordert ihn auf, die Aufgabe zu erledigen, was dieser dann auch tut.

---

3   Dieses Zitat der Barthes-Figur und alle folgenden Zitate von Filmfiguren sind Transkriptionen der Dialoge aus dem Film *Detachtment* (USA 2011).

Barthes versucht, sich im Klassenraum als ‚Herr im eigenen Haus' darzustellen. Er präsentiert sich als jemand, den niemand gefühlsmäßig treffen kann. Dazu sagt er im Nachhinein: „I spend a lot of time trying to not have to deal, to not really commit. I am a substitute teacher. There's no real responsibility to teach. The responsibility is to maintain order, make sure nobody kills anybody in your classroom, and they get to the next period." Gefühle, Affekte d. h. das Reale werden von der Barthes-Figur abgespalten. Er wird zum „gespaltenen Subjekt" (Lacan 1966, S. 292). Das bedeutet aber auch, dass er sich einerseits etwas vormacht, wenn er Affekte nicht wahrhaben will. Er tut so, als würde das aggressive Verhalten eines Gegenübers ihn nicht treffen. Er behauptet nach Außen ein starkes Ich. Bei der Nachfrage durch die Schülerin Meredith, etwas später im Film, scheint dieses Ich schon nicht mehr so stark und sicher zu sein.

4 Assimilation und Ubiquition

An dieser Schule, in welcher die symbolische Ordnung, d. h. der institutionelle Rahmen kaum noch präsent ist, wird Barthes mit dem Realen konfrontiert. So erlebt er, wie Jugendliche ihre Triebe kaum sublimieren und symbolisieren können, daher verbale und körperliche Gewalt ausüben, Lehrer desorientiert sind und sich in Prozessen der Desintegration und Dekonstruktion befinden. Dem Sinn der Schule als Ort der Wissensvermittlung und der Erziehung entsprechend reagiert Barthes, indem er versucht, die Schüler zur intellektuellen Auseinandersetzung mit ihrer gesellschaftlichen Situation herauszufordern. Barthes geht dabei über seinen bisherigen Diskurs des Ordnungshüters hinaus. Sein Versuch, Reales zu analysieren, also zu symbolisieren, sein Dialog mit den Schülern, das Vorlesen ihrer Aufsätze haben Effekte auf die Schüler wie auch auf ihn selbst. Ja, durch diese Art, intellektuell mit Diskursen umzugehen, konstruiert er sich als Lehrender, auch durch die Rückwirkungen der Schüler, also im sozialen Band. So installiert Barthes die ganz klassische Situation des Frontalunterrichtes. Inhaltlich geht es ihm darum aufzuzeigen, dass es Wahrheitskriterien gibt, dass nicht alles gleichwertig und auch nicht alles möglich ist.

Hier übt sich Barthes eigentlich meiner Meinung nach in Diskurskritik, spezifisch am kapitalistischen Diskurs, laut dem es Unmöglichkeit, also Kastration nicht mehr gibt. Ihm scheint insbesondere wichtig zu sein, dass sich die Schüler nicht selbst belügen, indem sie glauben, man könnte alles assimilieren und konsumieren. „Having two opposing beliefs at once. Believing that both are true believing […] To deliberately believe in lies while knowing they're false." Ganz im Sinne

Foucaults regt Barthes die Schüler an, sich der Macht von Diskursen bewusst zu werden, zum Beispiel der Diskurse über das Verhalten gegenüber Frauen oder wie der eigene Körper zu sein hat:

> „This is a marketing holocaust for the rest of our lives, the powers that be are hard at work dumbing us to death. So, to defend ourselves and fight against assimilating this dullness into our thought processes, we must learn to read, to stimulate our own imagination; to cultivate our own consciousness, our own belief system. We all need these skills."

Um intellektuelle Distanz und Widerstand geht es ihm also. Es zeigt sich in dieser Szene etwas von einem Begehren, das über Vertretungslehre und Aufrechterhalten eines Ordnungsprinzips hinausgeht. Und zwar mittels einer Verschiebung auf der Signifikantenkette. Sie zeigt, dass *Detachment* als reflektierende Distanziertheit nicht gleichbedeutend ist mit gefühlloser Indifferenz. Insgesamt kann man wohl sagen, dass Barthes das Gesetz des Unmöglichen, der Kastration vermittelt. Und zwar dadurch, dass er theoretisch Stellung bezieht.

5   Exkurs: Seabold und andere Lehrerfiguren

Im Kontrast zu Henry Barthes, werden den Zuschauer*innen noch andere Arten Lehrer zu sein vorgeführt. Da ist zunächst die Kollegin Ms. Sarah Madison (Christina Hendricks), die gerne eine Beziehung mit Barthes eingehen würde. Ihre Beziehungen und ihr Beruf scheinen stark vom Imaginären geprägt, dies zeigt sich sowohl in ihrem Bedürfnis nach Anerkennung als auch in der Vorstellung die Schüler mütterlich unterstützen zu können. So wundert es auch nicht, dass sie sagt: „I teach for selfish reasons. [...] I need these kids [...]".

Dann begegnen wir Mr. Wiatt (Tim Blake Nelson), welcher eine Opferfigur darstellt. Er wartet auf die Erlösung, auf jemanden, der ihn von seinem Kreuz befreit. Vielleicht reicht nur der Blick des Anderen, was seine Frage an Barthes suggeriert: „You see me? You see me standing here?"

Und schließlich begegnen wir dem Lehrer Seaboldt (James Caan). Er versteht es, mit viel Witz, Ironie und Übertreibung den Jugendlichen ihr Verhalten zurückzuspiegeln. Seine Art, mit den Schülern umzugehen, gibt ihm die Gelegenheit selbst als sexuelles und aggressives Wesen zu agieren und somit dem Schüler das Triebhafte, das Reale in sich selbst zu spiegeln. Seiner eigenen Gespaltenheit bewusst, zeigt er dem Schüler, für den Flüche und Beleidigungen lediglich Mittel sind, Subjekt zu sein, Wege aus der Sackgasse zu finden. In einem gewissen Sinn suggeriert er, gleich einem Clown, seinem Gegenüber, den Ärger zu sublimieren. D. h., das Symbolische, das Imaginäre und das Reale mal anders zu verknoten. Auf diese Weise kann Seaboldt selbst überleben, allerdings nicht ohne Pillen und Pornohefte zu konsumieren. Auch für Barthes ist Seaboldt anregend. So sagt er: „Mr Seabold. He maintained a sense of humor. I think the sense of humor is key. I don't posses it. I mean, I do […] in a tragic sort of way". Barthes Humor als Distanzierungsstrategie impliziert also ein gewisses Leiden an der Situation und ein Erkennen der eigenen Tragik.

6   Übertragung auf den Großvater

Seiner eigenen Geschichte und Traurigkeit wollte er zunächst nicht begegnen, auch wenn sie ihn immer wieder einholte in seiner Einsamkeit. So antwortet er auch nichts, als Erica, eine junge Prostituierte, ihn fragt, warum er im Bus weinte, als sie dabei war, einen Mann zu befriedigen.

Diese affektbestimmte Reaktion steht womöglich auch in Beziehung zu Barthes Erlebnissen mit dem eigenen Großvater. Henry Barthes setzt sich für die Respektierung seines auf den Tod wartenden Großvaters ein. Mit starkem Affekt zeigt er Präsenz, wenn es darum geht, dem Personal dessen Rechte auf Pflege in Erinnerung zu rufen und sie vor ihre Verantwortung zu stellen. Gefühlvoll wendet er sich dem Kranken zu. Aber er möchte schließlich auch Klarheit bekommen über dessen mögliches sexuelles Vergehen an der Tochter, Barthes Mutter. Letztlich geht es Barthes um ein Wissen von sich selbst und seiner Beziehung zur Mutter. Er hat dem Großvater ein Heft gegeben, in das dieser über die Beziehung zu seiner Tochter schreiben soll: wahrscheinlich mit der Hoffnung, dass Schreiben einfacher als Sprechen ist. Seine Identifikation mit der Mutter fordert ihn dazu auf, deren Frage an ihren Vater nochmals zu stellen: Was willst du von mir? Es geht also hier um Übertragungen, insofern dem Großvater hier Wissen unterstellt wird. Auch wenn seine Strategie zu keinem Resultat führt, stellt sie für ihn einen weiteren Schritt von Veränderungen dar.

Vielleicht ist eine der ersten Konsequenzen der Auflösung der Übertragung, dass Henry Barthes dem Großvater verzeihen kann, nachdem dieser kurz vor dem Tod zwar kein Vergehen zugibt, aber fragt, ob er Schuld auf sich geladen hat. Dem anderen verzeihen, ermöglicht hier, selbst Verantwortung zu übernehmen und sich in seinem Begehren zu subjektivieren. Sein phallisches Begehren bezüglich der Mutter, d. h. sich zu rächen für das, was der Mutter geschehen ist, oder ihr wenigstens die Ehre des Eingeständnisses sozusagen posthum zukommen zu lassen, scheint gefallen zu sein. Von dieser Identifikation scheint Barthes befreit zu sein. Er braucht nicht mehr das wiederherzustellen, was seiner Mutter fehlte.

Möglicherweise kam es zu diesem Schritt unter anderem auch deshalb, da er feststellen konnte, wie Erica – die junge Prostituierte, der er zuvor zufällig in einem Bus begegnete und um die er sich seitdem kümmert – über den sterbenden Großvater wachte. Er ist erstaunt über diesen Akt von Liebe und macht die wichtige Erfahrung mit jemandem, der sich auch ihm gegenüber engagiert. Und deshalb kann er ihr dann auch von seinem Trauma erzählen. *Detachment*, hier verstanden als Distanzierung von der eigenen Geschichte, scheint möglich. Aber das ist nicht der letzte befreiende Schritt. Denn wie er Erica erzählt, hat sein Vater die Familie früh verlassen und vor dem Großvater hat ihn die Mutter ein- und weggesperrt. Befürchtete sie, dass es wieder zu Übergriffen kommen könnte, oder wollte sie eigentlich nur ihrem Trauma durch Projektion einen Platz geben?

7   Vater und Meredith

Mehrfach zeigt der Film das schwierige Verhältnis zwischen Schule und Eltern. Letztlich gründet dies auf einem verantwortungslosen Verhältnis zwischen Eltern und Kindern. So stellt Meredith (Betty Kaye) eine Last für ihren Vater dar. Er kann sich nicht lösen von bestimmten Vorstellungen bezüglich seiner Tochter, wie sie (für ihn) sein soll. Meredith macht und entwickelt Fotos. Sie will Leben und Tod bildlich festhalten. Das regt ihn auf. Verfangen in seine Diskurse, wie eine junge Frau zu sein hat, ist er der symbolischen Stellung und seiner geforderten realen Hilfe als Vater nicht gewachsen. Für Jugendliche wird diese Unfähigkeit der Eltern dann aber auch zur Last. Fehlt der Blick und Verständnis für das singuläre Suchen des Jugendlichen und der unterstützende Respekt, dann kann das schwerwiegende Folgen haben, insbesondere wenn man dem Jugendlichen an den Kopf schmeißt: „Das führt zu nichts". Wenn man nicht gelernt hat, mit der Unbestimmtheit des Lebens umzugehen, Verantwortung zu übernehmen, bleibt nur die Lösung der Unmöglichkeit (vgl. Sauret 2009, S. 240).

8   Konflikt mit Meredith

Meredith hofft, dass Barth ihr aus ihrer Verzweiflung helfen kann. Sie will über das Unsichtbare, das Unverfügbare, das Reale des Lebens sprechen und erwartet Liebe von ihrem Lehrer. Ihr Aufhänger sind Fotos, die sie von ihm geschossen hat. Aber Barth findet nicht zum eigentlichen Gespräch. Wohl kann er einige karge psychologische Ratschläge erteilen und sich abgrenzen. Aber er hört ihre Frage nicht, da er selbst noch nicht weit genug offen ist für das Reale. Noch ist er zu sehr in imaginärer Verteidigungsposition. Er hat seine Vergangenheit noch nicht ausreichend subjektiviert. Deshalb fangen Schuldgefühle ihn ein, als Sohn, der selbst in zu starker Bindung an die Mutter lebte und davon noch nicht ganz frei war. Deshalb reagiert er auch so aggressiv als die Kollegin ihn fragt, was da los sei, als sie ihn Meredith umarmen sah.

Im Anschluss an diese Szene muss Erica ihn verlassen. Das Symbolische wird noch immer nur vom Imaginären ausgedacht. Er spricht von (imaginären) Regeln, aber nicht von seinem Begehren in Artikulation mit dem Gesetz.

9 „Non-Person"

Nach dem Tod von Meredith erlebt Barthes sich als *Un*-Person (*Non-Person*). Dieser Signifikant bedeutet wohl unter anderem, dass Barthes nicht genügend real präsent war, um Meredith zu helfen. Sein imaginäres Verständnis von „Detachment" erlaubte ihm dies nicht. Er konnte sich nicht in dem Maße von der existentiellen Verzweiflung der Schülerin berühren lassen, wie es nötig gewesen wäre. Damit erlebt er im Nachhinein in sich ein Fehlen, ein Loch. Dieses Erleben macht es ihm aber auch möglich, die Leere als Bedingung unseres Seins anzuerkennen, den Signifikanten der Un-Person vom Anderen her neu zu verstehen. Das heißt letztlich, den Signifikanten der Distanzierung, zusammen mit seinem Begehren nach Engagement zu artikulieren.

Er kann schließlich zu Erica (Samy Gayle) gehen und sie umarmen und ihr seine Liebe zeigen. Die Freude an dieser Begegnung resultiert aus der Anerkennung und Transformation des eigenen Leidens, der Überwindung der Widerstände, sich dem anderen zu öffnen. Diese Freude resultiert also aus der Wahrheit seines Begehrens, seiner Öffnung auf das Reale hin. Ab dem Moment, wo die Barthes-Figur einsieht, welche Konsequenzen sein persönliches Festhalten an imaginärer Distanz hat, ist er fähig andere Beziehungen aufzubauen.

10 Phantasma Schule

Der Film vergleicht am Schluss die Schule mit dem *House of Usher* aus der gleichnamigen Novelle von Edgar Allen Poe. Dieses Haus gilt als Metapher für Situationen der Konfusion, des Nichtvorhandenseins bzw. der Übertretung von Grenzen und Regeln, also letztlich auch der Perversion. Ein solches Haus, als Metapher für die Institutionen, kann keinen Bestand haben. Und es erstickt das Begehren, da man keine Möglichkeiten sieht, etwas verändern zu können (vgl. Chemama 2006, S. 19). Solche Institutionen helfen somit, ein allgemeines Klima zu schaffen, in dem die symbolische Ordnung infrage steht oder zumindest nicht unterstützt wird. Melancholie und Depression entwickeln sich, da man nicht erkennen kann, in welchem *Namen des Vaters* (Lacan) man handeln und wie man begehren könnte.

Das gilt allerdings nicht nur für die Institution Schule, sondern auch für die ganze Gesellschaft und ihre einzelnen Mitglieder. Das Fehlen an Dynamik, welche auf dem Fehlen an Offenheit für das Leben, das Reale und den Anderen wiegt schwer, macht schwermütig.

Barthes übersetzt seine persönliche Erfahrung für seine Klasse, indem er, einem Lehrer entsprechend, mit dem *House of Usher* ein Drittes hinzuzieht, um durch dessen Wissen die Effekte der symbolischen Ordnung auf die Schüler wirken zu lassen.

Barthes musste sich loslösen von der Mutter und ihrem Trauma. Dies wurde ihm nur möglich, nachdem er sich als Un-Person, in seinem Noch-nicht-Subjekt-Sein, als jemand, der sich teilweise seiner Verantwortung entzog, erleben musste. Mit anderen Worten: Barthes mangelte es an Präsenz, d. h. an der Fähigkeit, Symbolisches und Imaginäres vom Realen als dem Unbegreifbaren her zu verbinden. So erklärt sich auch seine Unfähigkeit, der Kollegin Madison zu antworten. Er war noch nicht mit sich selbst im Reinen, d. h. in seiner Wahrheit. Zu sehr war er noch mit seiner Mutter verbunden und ihrer Geschichte, und vor allem ihrem Diskurs des Fernhaltens vom Großvater. Am Schluss ist aber auch diese Ablösung, vielleicht die zentrale Ablösung der Barthes-Figur vollzogen.

11 Was sagt uns dieser Film über das Lehrer-Sein?

Dieser Film kann, psychoanalytisch gesehen, als interessantes Dokument für die professionelle Entwicklung von Lehrer*innen gedeutet werden. Ein Prozess der Subjektivierung, wie ihn die Barthes-Figur beispielhaft durchmacht, ist bei Lehrer*innen notwendig, insbesondere in Schulen, die in einem sozial schwierigen Umfeld funktionieren. Denn Schule lebt von Menschen, die wissen, dass Wissensvermittlung nur dann geschieht, wenn Jugendliche erleben, dass ihre Lehrer fähig sind, im Dienste des Lebens, d. h. im Respekt der Differenz und Alterität zu handeln.

Schule braucht Lehrer*innen aber auch Eltern, die sich aus imaginären Bindungen zu ihren Eltern abgelöst haben. Sie haben erkannt, dass sie nicht verantwortlich sind für das Versagen und die Frustrationen ihrer Eltern und ihnen ist klar, dass sie ihre Schuld gegenüber der vorherigen Generation immer nur der nachfolgenden Generation zurückzahlen können. Diese Erzieher*innen sind vielleicht dazu fähig, sich immer wieder aus entfremdenden Diskursen zu lösen. Dies geschieht dann, wenn die Subjekte nicht von ihrem Begehren lassen, offen sind für das Leben, und zwar in ihrem Bezug zu den Anderen, zu sich selbst und zum Anderen durch und im Sprechen.

Zwar zeichnet der Film ein düsteres Bild der Schule, allerdings nicht ohne Humor. Dazu zählt, dass man wohl auch sagen kann: Lehrer wissen oft nicht, was sie sagen und wo sie gerade stehen, aber sie können sich weiterentwickeln in der Konfrontation mit den Schülern und dem Wissen – vielleicht sind sie auch gerade deshalb Lehrer geworden.

Film

Detachment. (USA 2011). Regie: Tony Kaye. DVD Alive 2013

Literatur

Bulman, R. C. (2005). *Hollywood goes to High School*. New York: Worth Publishers.
Camus, A. (1959). *Noces suivi de l'été*. Paris: Editions Gallimard, Folio.
Chemama, R. (2006). *Dépression, la grande névrose contemporaine*. Ramonville Saint Agne: Erès.
Lacan, J. (1966). *Ecrits*. Paris: Editions du Seuil.
Lacan, J. (1986). *Le Séminaire. Livre VII. L'éthique de la psychanalyse, 1959–1960*. Paris: Edition du Seuil.
Lacan, J. (1994). *Le Séminaire, Livre IV. La relation d'objet*. Paris: Editions du Seuil.
Levin, R. (2012). Detachment: A Movie About Teachers, Not Education Reform. http://www.yibei.com/book/4f6333547e021e33400b57ec. Zugegriffen: 6. Januar 2017
Sauret, M.-J. (2005). *Psychanalyse et politique. Huit questions de la psychanalyse au politique*. Toulouse: Presses Universitaires du Mirail.
Sauret, M.-J. (2009). *Malaise dans le capitalisme*. Toulouse: Presses Universitaires du Mirail.

Die 36. Kammer – Kino

Über Kino, Kung-Fu und Bildungsprozesse in Lau Kar-Leungs *The 36ᵗʰ Chamber of Shaolin*

Alejandro Bachmann

Zwei Beobachtungen: Eine zu meiner eigenen Film-Erfahrung entlang der 115 Minuten von Lau Kar-Leungs von den Shaw Brothers produzierten Klassikers des Martial-Arts-Films *The 36th Chamber of Shaolin* (1978). Die andere zu einer Sequenz innerhalb des Films, in der der Protagonist Liu Yude (Liu Chia-Hui) in der vierten von 35 Kammern eine weitere Lehreinheit auf dem Weg zum Kung-Fu-Kämpfer erhält, und von der ich glaube, dass sie der ersten, aus theoretischer Sicht vermutlich leicht angreifbaren, weil sehr subjektiv geprägten Beobachtung zu mehr Klarheit verhelfen und, so die Hoffnung, ihr eine Form von Nachvollziehbarkeit verleihen kann. Beide zusammen wiederum könnten veranschaulichen, warum dieser Film mir in besonderer Weise über das Verhältnis von Kino und Bildungsprozessen nachzudenken scheint, dem ich im folgenden Text nachgehen möchte.

1. Die letzten rund 20 Minuten von *The 36th Chamber of Shaolin* bestehen mehrheitlich aus Kampfsequenzen, in denen Liu Yude, der nun auf den Namen San Te hört, gemeinsam mit von ihm in der Kampfkunst Kung-Fu unterwiesenen Rebellen gegen die Kämpfer der mandschurischen Unterdrücker aufbegehrt. Innerhalb der narrativen Logik des Films stellt hier der Protagonist unter Beweis, dass er den von ihm im Verlauf des Films durchlaufenen Prozess des Erlernens einer Kampfkunst im Shaolin-Kloster, das ihm über Jahre Zuflucht vor den Unterdrückern geboten hatte, erfolgreich zu Ende gebracht hat. Er ist vom Schüler zum Meister geworden, der nicht nur selbst gegen mehrere Angreifer auf einmal bestehen, sondern seine Kampffertigkeiten auch an andere weitergeben kann. Eigen-

© Springer Fachmedien Wiesbaden GmbH, ein Teil von Springer Nature 2018
J.-M. Weber et al. (Hrsg.), *Lehre im Kino*, Medienbildung und
Gesellschaft 38, https://doi.org/10.1007/978-3-658-17014-1_6

artigerweise stellte sich bei mir selbst im Anschauen der atemberaubend präzise choreografierten und in unwahrscheinlicher Geschwindigkeit dargebotenen
Kampfszenen ebenfalls ein Gefühl ein, etwas „gelernt" und „mich gebildet" zu
haben, also „mehr zu verstehen" und nicht ganz so ratlos und überfordert diesem
körperlich-visuellen Spektakel beizuwohnen, wie dies in den Kampfsequenzen zu
Anfang des Films noch der Fall war. Überspitzt formuliert könnte man sagen, dass
ich entlang des Lernprozesses des Protagonisten auch etwas gelernt hatte, dass wir
beide einen Bildungsprozess durchlaufen waren. Es war eine merkwürdige Paral-
lelität entstanden, die sich vielleicht so formulieren ließe: Während San Te *im Film*
nach anfänglicher geistiger wie körperlicher Überforderung in Sachen Kampfkunst zu einem beeindruckend *emanzipierten Kämpfer* geworden war, war ich von
einem ob der dargestellten Kampfkunst völlig überforderten Betrachter *im Kino*
zu einem geworden, dem am Ende des Films zumindest die Sicherheit eignete, in
den Kämpfen eine Struktur, eine Choreografie, ein System zu erkennen, die die
Freude am visuellen Spektakel nur umso größer erscheinen ließ. Auf eine einfache
Formel gebracht: Während San Te in den Kammern des Shaolin-Klosters Kung-Fu
lernte, lernte ich *in der Kammer des Kinos* Kung-Fu *entlang des Films* zu sehen.

2. Aus dem hell erleuchteten Innenhof des Shaolin-Klosters betritt Liu Yude ein
dunkles Zimmer, zum ersten Mal in seiner Ausbildung findet eine Übung in einem
von der Außenwelt abgegrenzten Ort statt, der das Draußen vom Drinnen vor allem dadurch trennt, dass er fast komplett dunkel ist. Von Liu Yudes Verbeugung
und der an den Meister der Kammer gerichteten Bitte, ihn zu unterweisen, schneidet der Film zu einer Großaufnahme der Augen des Meisters, die von Lichtspitzen
in besonderem Maße aus der Dunkelheit herausgehoben werden, wobei das Fun-
keln der Augen durch einen „aufblitzenden" Synthesizer-Ton noch verdoppelt und
hervorgehoben wird. Der Schüler wird aufgefordert, seinen Kopf zwischen zwei
links und rechts horizontal auf Kopfhöhe montierten, glimmenden Räucherkerzen
zu positionieren, wobei der Meister anmerkt, dass jeder Schüler der Kampfkunst
scharfsichtig sein müsse. Daraufhin werden die Räucherkerzen links und rechts
so nah an den Kopf Liu Yudes herangeschoben, dass dieser keinen Bewegungs-
spielraum mehr hat. Ein vor ihm positionierter Pendelzeiger wird in Bewegung gebracht, an dessen oberem Ende sich eine durch einen Spiegel in ihrer Leuchtkraft
noch verstärkte Kerze befindet. Der Film schneidet nun abwechselnd von dem
vom Meister immer wieder beschleunigten Pendelzeiger zu einer Großaufnahme
von Yudes vollkommen unbeweglichem Kopf, auf dem sich nur zwei Bewegungen
zeigen: Jene der Augen, die dem Pendel folgen und jene des Lichtscheins, den
die Kerze des Pendels von links nach rechts und wieder zurück über sein Gesicht
gleiten lässt.

In der Inszenierung des Ortes wie auch der darin stattfindenden Lehreinheit legt Lau Kar-Leung einen Faden, der Lehre, Kino und Kung-Fu miteinander verbindet: Tatsächlich erinnert das hier dargestellte Lehrdispositiv nicht nur in der räumlichen Dunkelheit und der in eine Richtung sich ausrichtenden Blickstruktur sehr stark an das Kino als Ort. Die körperliche Fixierung Yudes wie auch das Spiel der Lichteffekte auf seinem Gesicht erscheinen sogar wie Bildwerdungen der rund um die Apparatus-Theorie von Jean-Louis Comolli und Jean-Louis Baudry[1] sich gruppierenden theoretischen Reflexionen, die im Kino den zur Passivität gezwungenen und dann von der Apparatur ideologisch blind gemachten Zuschauer zu sehen glaubten – ein Aspekt auf den an späterer Stelle noch einmal zurückzukommen sein wird. An dieser Stelle erweist sich das oben beschriebene Szenario gar nur als erster Teil der Übung, deren zweiten Teil der Meister mit der Anmerkung „Die Augen müssen scharfsichtig, die Gliedmaßen geschickt sein" einleitet. Hier muss Yude nun die um ihn herum befindlichen, rotierenden Holzpfosten immer dann mit Schlägen bearbeiten, wenn die an ihnen befestigten Spiegel aufblitzen. Das Training der Augen im ersten Teil trifft auf das Training der körperlichen Reflexe und Fertigkeiten im zweiten Teil.

1   Kung-Fu zu Film: Übersetzung

Die von mir als Zuschauer gemachte Erfahrung entlang des Films trifft auf eine Sequenz innerhalb des Films und lässt so folgende Hypothese formulieren: *The 36th Chamber of Shaolin* ist mehr als bloß einer von sehr vielen Filmen, in denen ein wissbegieriger Schüler auf Wegen und Umwegen zum Meister einer Kampfkunst wird. Der Film ist der bewusste Versuch, den Prozess des Erlernens von Kung-Fu in das Medium des Films zu übersetzen, also „getreulich ein Gleiches im Andersartigen zur Sprache zu bringen" (Laermann 2015, S. 58), um ihn so für den Betrachter nicht nur darzustellen, sondern für diesen im Kino erfahrbar und nachvollziehbar zu machen. David Bordwell hebt in seiner kurzen Beschreibung der Arbeit von Lau Kar-Leung dessen Treue zu seinem Gegenstand in besonderem Maße hervor:

> „Trained in the southern Shaolin styles, he focussed so single-mindedly on the lore, rituals, and disciplines of kung-fu, that he seems to reverse the industry's priorities: instead of using kung-fu to keep local cinema going, he used cinema to document and preserve the traditions he venerated" (Bordwell 2000, S. 251).

---

[1]   Siehe hierzu die drei Basistexte der beiden Autoren, in Riesinger 2003, S. 27–84.

Das Kino als Versuch also, eine Kampfkunst für die Nachwelt aufzuheben (anstatt auf ihre Kosten die Einnahmen an den Kinokassen zu maximieren) und – in einer weiteren gedanklichen Schleife, der ich im Folgenden nachgehen möchte – ein Film als Versuch, das Erlernen von Kung-Fu nachvollziehbar zu machen. Um der Frage auf den Grund zu gehen, wie der Lehrgegenstand (Kung-Fu) also durch den Film gelehrt werden kann, bietet es sich an, darüber nachzudenken, welche Lernprozesse der Film selbst in seiner Darstellung von Kung-Fu wiederholt hervorhebt und wie diese in eine filmische Form, gar vielleicht einen Lernprozess übersetzt werden.

Abbildungen 1–4   DVD-Stills aus *The 36th Chamber of Shaolin* © Intercontinental Video 2003

Ein genauerer Blick auf die Übungen und die dazu – meist durch den der jeweiligen Kammer vorstehenden Lehrmeister – gemachten Artikulationen dient also als erster Schritt: Nachdem Liu Yude etwas übermütig in der höchsten der 35 Kammern beginnen wollte und kläglich scheitert, beginnt er in der untersten Kammer. Entlang eines von zwei Mauern rechts und links beschränkten Pfades muss er über einen Wassergraben springen, um danach den Essenssaal des Klosters zu erreichen und sich dort stärken zu dürfen. Da der Graben zu groß ist, um ihn einfach zu überspringen, muss er in dessen Mitte kurz auf einer aus kleinen Holzstämmen zusammen gebundenen schwimmenden Trommel zwischenlanden, um von dort ans andere Ufer zu hüpfen. Als er das beim ersten Versuch nicht schafft und durchnässt den Saal betritt, wird er von einem der Shaolin-Meister ermahnt und muss zur Strafe das komplette Geschirr des Saales abspülen. Mit ruckartigen Bewegungen taucht er abends Teller für Teller in einen Holzbottich. Als er am Ende des Vorgangs die Essstäbchen in den Bottich schüttet, diese dann untertauchen und mit dem Wasser vermischen will, wird seine Bewegung in diesem Moment gleitender und entwickelt – das Schauspiel verdeutlicht das – ein Gefühl für das Verhalten von Holz im Wasser. Am Abend darauf – wieder ist er beim Versuch, über den Graben zu springen gescheitert – kippt er die beiden Fässer am Ende des Spülens auf die Seite, rollt sie entlang des Steinbodens, springt und versucht, mit beiden Füßen auf ihnen zu balancieren. Am dritten Tag bleibt er am Rand des Grabens stehen, springt in die Höhe, landet mit einem Fuß auf dem kreisrunden Holzfloß und von dort am anderen Ufer. Er hat die erste Kammer erfolgreich bestanden (vgl. Abb. 1–4).

Tatsächlich ist dieser erfolgreich abgeschlossene Lernprozess für den Zuschauer keine Überraschung. Denn mittels eines extrem basalen filmischen Mittels, des Schnitts, wurde das, was Liu Yude beim abendlichen Spülen gelernt hat für diesen bereits visualisiert: Vom sanften Untertauchen der Essstäbchen im Wasser gleitet die Kamera zu Lui Yudes Gesicht und schneidet von dort direkt auf eine Großaufnahme der runden Holzstämme im Wassergraben, just in dem Moment, in dem der Fuß eines Mönches kurz darauf landet und wieder abspringt. Ein sehr ähnlicher Schnitt erfolgt auch, als Liu Yude am zweiten Abend auf dem gekippten Fass balanciert – von einer Großaufnahme seiner die Balance suchenden Füße auf dem Fass zu den im Graben schwimmenden Holzstämmen. Die zwei gedanklichen Schritte sind klar: 1) Holz geht in Wasser sehr schnell unter, also darf man nur sehr kurz darauf treten. 2) Zu einem Kreis arrangiertes Holz rollt am Boden hin und her, wenn man es zeitgleich an zwei Stellen belastet, also springt man am Besten mit nur einem Bein auf die höchste Stelle der im Wasser schwimmenden Trommel, damit man nicht herunterfällt. In der hier vorliegenden textlichen Form erscheint dies vermutlich als eher trivial, die Schönheit des Films aber liegt unter anderem darin begründet, wie er diesen Lernprozess visualisiert.

Alexandre Astruc schreibt zur Möglichkeit des Films einen Gedanken auszudrücken:

> „Jeder Gedanke wie jedes Gefühl ist eine Beziehung zwischen einem Menschen und einem anderen Menschen oder gewissen Objekten, die Teile seiner Welt sind. Indem er diese Beziehungen darlegt, deren greifbare Spur zeichnet, kann der Film sich wahrhaft zum Ort des Ausdrucks eines Gedankens machen." (Astruc 1992, S. 202)

Astruc bringt hier den Schnitt, der eine Beziehung zwischen an unterschiedlichen Orten und zu unterschiedlichen Tageszeiten gemachte Erfahrungen etabliert, auf den Punkt. Dem Schnitt eignet in doppelter Weise die Formulierung eines Gedankens: Er bringt zwei Dinge zueinander (die Hand auf den Essstäbchen im

Wasser und den Fuß auf dem Floß im Graben) und lässt alle nicht zu diesem Gedanken gehörenden Elemente aus, um eine Analogie herzustellen: Das Verhalten
von Essstäbchen im Spülwasser gleicht dem Verhalten eines Floßes im Wassergraben. Was an dieser Stelle des Filmes überdeutlich hervorgehoben wird, verdichtet
die grundlegenden Lernprozesse des Kung-Fu, wie sie der Film artikuliert. Die
Montage des Films bringt immer wieder Dinge und Bewegungen aus unterschied-
lichsten Kontexten miteinander in Verbindung und artikuliert so einen Gedanken
– das Schöpfen von Essen mit einer Kelle gleicht einer Verteidigungskombination,
das Verhalten von Holz auf Wasser gleicht dem eines Körpers auf wackeligem
Untergrund, das Schlagen eines Gongs gleicht einer im Kampf durchgeführten
Schlagtechnik. Zum einen wird hier also ein grundlegendes Element des Kung-Fu
(Bewegungsabläufe und körperliche Eigenschaften des Alltags gleichen solchen
des Kampfes) in einen grundlegenden filmischen Prozess übertragen (den Schnitt),
zum anderen aber können wir in diesem Verfahren etwas ganz Grundsätzliches
über filmische Lehrprozesse ableiten: Dass Film nämlich über ein Ineinander und
ein Trennen Bilder so in Verhältnisse setzt, dass Analogien hergestellt werden
können zwischen ähnlichen, jedoch nicht identischen Vorgängen. Die zu Anfang
geschilderte Seh-Erfahrung (dass ich am Ende den Eindruck hatte, die Kampfchoreografien besser zu verstehen) hat mit genau dieser Fähigkeit des Films allgemein
zu tun, die *The 36th Chamber of Shaolin* in besonderem Maße nutzt, um dem
Betrachter eine Kampfkunst beizubringen: Immer wieder konzentriert er unseren Blick auf bestimmte Dinge, Bewegungsabläufe, Ereignisse und Kleinigkeiten,
die an späterer Stelle in den Kampfchoreografien wieder auftauchen. In Analogie
zu setzende Bilder und Bewegungen tauchen also nicht nur direkt hintereinander,
getrennt durch einen Schnitt, auf, sie finden sich verteilt über den ganzen Film.
Nach Benjamin ist die Wahrnehmung von Ähnlichkeiten an ein Zeitmoment gebunden, Ähnlichkeiten zu erkennen bedeutet, Dinge, Eindrücke, Bilder in sich zu
verwahren, um sie dann als etwas später Erscheinendem Ähnliches zu erkennen
(vgl. Benjamin 2002, S. 117–123).

Die filmische Strategie des direkten Schnitts von einem Bild zu einem darauf
folgenden, um eine Analogie herzustellen, ist nur der erste Schritt, der etwas
verdeutlicht, welches der Film im weiteren Verlauf vom Betrachter einfordert,
selbstständig weiter zu führen. Man kann dem Film also hier tatsächlich ein
wahrhaft didaktisches Vorgehen unterstellen: Während Liu Yude am Anfang des
Films langsam und übereindeutig dazu gebracht wird, einen für das Kung-Fu
zentralen Gedanken für sich zu entdecken, findet der Film eine simple Form, die
es dem Betrachter ermöglicht, diesen Gedanken entlang des Films ebenfalls zu
denken.

2   Kung-Fu, Kino, Körperlichkeit

Kung-Fu auf den oben erläuterten Lernprozess des Herstellens von Analogien zwischen Situationen des Alltags und Kampfchoreografien zu reduzieren, wird weder den Lehrerfahrungen Liu Yudes im Film noch meinen Seh-Erfahrungen beim Betrachten des Films gerecht. Es liegt auf der Hand, dass Liu Yude nicht einfach nur geistige Prozesse vollführt, um zum Kung-Fu-Kämpfer zu werden, sondern dass diese immer analog auch einen körperlichen Prozess beinhalten. Liu Yude möchte Rache an den Unterdrückern seines Dorfes nicht in rein geistiger Form nehmen, er möchte ihnen im körperlichen Kampf, der Auseinandersetzung entgegentreten und sie dabei besiegen. Die zu Anfang beschriebene Lehreinheit wie auch jene beim Überspringen des Wassergrabens machen das überdeutlich: Nachdem Yude das Pendel des Zeigers mit den Augen verfolgt hat, ohne den Kopf zu bewegen, wird diese Übung um den Einsatz seines Körpers erweitert. Nachdem Yude die Prinzipien von Masse, Trägheit, Balance und Oberflächenspannung geistig durchdrungen hat, muss er diese körperlich (durch den Sprung) umsetzen. Vor diesem Hintergrund müsste man also fragen, inwieweit *The 36th Chamber of Shaolin* nicht nur geistige Lernprozesse (Gedanken, die über das Sehen evoziert werden) erzeugt, sondern auch körperliche, wie sowohl Kung-Fu als auch der Film über Kung-Fu Geist *und* Körper in den Lernprozess einbindet?

Im Verweis auf Bernhard Waldenfels hat Manuel Zahn jene Verschiebung, der die Analyse des Films nun bedarf, prägnant auf den Punkt gebracht, von der Macht der Bilder hin zur Kraft der Bilder, von ihrem Wirken auf das Denken des Zuschauers hin zu ihrem Wirken auf seinen Körper:

> „Die Macht filmischer Bilder ist nach Waldenfels auf symbolischer Ebene anzusiedeln, sie hat intersubjektiven, sozialen Charakter und ist mit vielfältigen Diskursen verwoben. Wohingegen die Kraft des Films auf materieller, physischer Ebene, zwischen Gegenständen und/oder zwischen Körpern wirkt." (Zahn 2015, S. 133)

Dass es beim Kung-Fu immer auch um eine physische Ebene, um Körper und Gegenstände in ihren gegenseitigen Kräfteverhältnissen geht, liegt auf der Hand, dass *The 36th Chamber of Shaolin* dies aber nicht nur abbildet, sondern dezidiert erfahrbar machen will, also in einer ostentativen Geste darauf verweist und sich selbst als Körper begreift, wird bereits in den allerersten Bildern des Films deutlich.

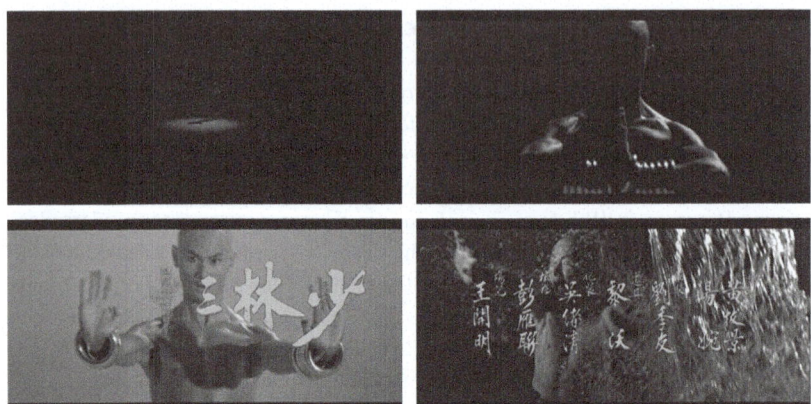

Abbildungen 5–8 DVD-Stills aus *The 36th Chamber of Shaolin* © Intercontinental Video 2003

Inmitten völliger Schwärze, nur von einem Scheinwerfer von oben erhellt, steht Liu Yude in kämpferischer Pose, der Oberkörper nackt, die Muskeln angespannt, an den Armen schwere silberne Ringe. Ein Donnerschlag erklingt, es folgt eine Halbnahe frontal auf Yude gerichtet, der die Hände vor sich geschlossen und die mit massiven Silberringen behängten Arme angespannt hat. Ein Blitz erleuchtet kurz das Bild, das nun übergeht in ein helles Bild, wobei die nun erscheinenden, ockergelben Titel des Films das Flackern des Blitzes übernehmen und Yude dahinter einen Kampfschrei von sich gibt und die Arme nach vorne streckt. Im nun hell erleuchteten Bild sehen wir den eingeölten Körper des Kämpfers unterschiedliche Schlagkombinationen durchführen, die Kamera konzentriert sich mal auf die Beine, mal nur auf einen Arm, oder gleitet den Körper in einer ruhigen Bewegung von unten nach oben, wie von links nach rechts ab, begleitet von einer Anzahl variationsreicher Schreie und dem scheppernden Geräusch der Armringe, die stellenweise ihren Widerhall in auf der Tonspur hinzukommenden Becken und anderen perkussiven Elementen finden. Im weiteren Verlauf sehen wir Variationen dieser Bewegungen, stets ist der Hintergrund abstrakt einfarbig gehalten, um davor den Körper des Kämpfers im Licht und später auch im Wasser seine Bewegungen vollführen zu lassen (vgl. Abb. 5–8).

Ohne Frage dient diese Sequenz ganz zu Anfang des Films, die an dieser Stelle noch nicht in eine narrative Logik eingebunden und damit ein reines audiovisuelles Spektakel ist, der Sensibilisierung des Zuschauers für einen Körper. Im doppelten Sinne: Im Bild abgebildet sehen wir einen muskulösen, detailliert konturierten Körper, der in der Begegnung mit präzise gesetzten Lichteffekten und anderen

Oberflächen sichtbar machenden Elementen eine Choreografie darbietet. Diese Inszenierung hebt nicht so sehr den abbildenden Charakter des Kinos hervor, als vielmehr seine Fähigkeit, ein Gefühl für die Oberflächen des inszenierten Körpers zu erzeugen, „thousand tentacles feeling their way through space rather, than a single lens taking it in view" (vgl. Rutherford 2003). Die in besonderem Maße gesteigerte Körperlichkeit der Seh-Erfahrung von *The 36th Chamber of Shaolin* aber besteht nicht nur in der speziellen Inszenierung der Körper vor der Kamera, sie wird erweitert durch einen Einsatz der filmischen Mittel, die den Film selbst verstärkt als etwas Körperliches wahrnehmbar macht. Die oben beschriebenen ersten Minuten des Films machen das überdeutlich: Die von Liu Yude ausgestoßenen Kampfschreie werden auf der Tonspur von klirrenden Becken fortgeführt, das im Bild sichtbare ‚Wabern' des Blitzes überträgt sich in das Erscheinen des Filmtitels. Gleich zu Anfang weist der Film darauf hin, dass er nicht nur ein Medium ist, dass Körper abbilden kann, sondern dass er selbst als Körper in der Projektion auftritt, die die Körperlichkeit seines Themas (Kung-Fu) versucht, im Kinoraum erfahrbar zu machen. Im weiteren Verlauf des Films wird dies vor allem (aber nicht ausschließlich) in den Kampfszenen deutlich, in denen die Gesamtheit der filmischen Mittel darauf verwendet wird, die sich rhythmisch bewegenden Körper vor der Kamera in das Medium hinein zu verlängern, sodass der Film selbst ein sich rhythmisch bewegender Körper wird: In Bewegung gesetzt durch Schnittfolgen, die Bilder eher als Töne begreifen, die man länger oder kürzer erklingen lassen kann, in dem Schreie oder die Geräusche gegeneinander krachender Waffen Kakofonien erzeugen, wo die für das Martial-Arts-Kino dieser Zeit typischen ruckartig-sicheren Zooms eben nicht nur „konzentrieren, rezentrieren, rekadrieren" (Eschkötter 2014, S. 180) sondern vor allem rhythmisieren.

So bewegen sich nicht nur die im Film gezeigten Körper rhythmisch in Raum und Zeit für unseren Blick, auch der Film als Medium tut es in der spezifischen raum-zeitlichen Konfiguration des Kinos. *The 36th Chamber of Shaolin* ist also nicht nur ein Film, der das Erlernen von Kung-Fu für uns abbildet und mittels filmischer Strategien in einen filmischen Lernprozess überträgt, er ist ein Film, der sich seiner Kraft, auf den Körper des Betrachters einzuwirken, um ihm so etwas zu vermitteln, bewusst ist und ostentativ darauf zuarbeitet. Manuel Zahn fasst diesen Gedanken so:

„Um also die Kraft der Präsenz von Filmbildern begreifen zu können, ist es notwendig, die sinnlichen Effekte von Materialien aufzuspüren, deren Intensität das körperliche Vermögen der Zuschauer affiziert. Der so verstandene Akt der kinematographischen Bildgebung hat die Kraft, Eigenschaften des Materials zu Ressourcen des Empfindens, der Imagination oder auch des Denkens werden zu lassen" (Zahn 2015, S. 133).

3 Kino, Körper, Lernen – Lob der Passivität

In seiner 1964 verfassten Schrift *Die Utopie Film*, die auch heute noch fast Punkt für Punkt in ihrem Nachdenken über die Potenziale der filmischen Bildung (die sich dort speziell auch auf die Frage der Ausbildung von Filmschaffenden bezieht) an Aktualität, Scharfsichtigkeit und Dringlichkeit kaum eingebüßt zu haben scheint, schreibt Alexander Kluge: „Die filmische Bewegung hat große Ähnlichkeit mit dem Gedanken- und Bilderstrom der Hirntätigkeit; es kommt darauf an, sich diesem Strom anzuvertrauen" (vgl. Kluge 2012, S. 43–56). Ein wenig ist dieser Artikel den darin angesprochenen Elementen und Verbindungen nachgegangen: Indem er sich dem Film eines Genres zugewandt hat, in dem die actionreiche, spektakuläre Bewegung in besonderem Maße zum Reiz des Filmischen gehört, sollte aufgezeigt werden, wie diese sich in eine gedankliche Bewegung übersetzen lässt. Ein zentrales Element von Kluges Anmerkung soll aber noch einmal betont werden, um vielleicht den Blick und die Gedanken gegen Ende nicht zu verengen, sondern erneut auf die Suche zu schicken, was das Bildende am Film sein könnte, welche Bildungsprozesse er selbst performativ hervorzubringen vermag, so wie alles hier Geschriebene und Gedachte zwar aus *The 36th Chamber of Shaolin* hervorgegangen ist, aber hoffentlich auch etwas allgemeiner zum Komplex von Film und Bildung beigetragen hat.

Es komme darauf an, so Kluge, „sich diesem Strom *anzuvertrauen* [Hervorhebung A. B.]". Es ist gerade dieses Element des Anvertrauens, das in Diskursen rund um Film und Bildung – sei es nun in Gesprächen mit Lehrern, bei Vorträgen von Bildungswissenschaftlern oder feuilletonistischen Reflexionen – am Wenigsten zum Tragen kommt.[2] Filmbildung, Filmvermittlung, Filmkompetenz oder Filmpädagogik (die oft austauschbar durcheinandergewirbelt werden, obwohl sie unterschiedliche Dinge meinen) scheinen immer auch auf eine Aktivierung des Zuschauers abzuzielen. Anstatt passiv vor dem Fernseher, am Laptop oder im Kino zu sitzen, müsse das Subjekt sich aktiv mit Bildern auseinandersetzen, sie ‚lesen' lernen und – um das Diktum der Aktivierung auf die Spitze zu treiben – am Besten auch gleich selbst audiovisuelle Werke erschaffen. Das von Kluge verwendete Wort „anvertrauen" aber verweist auch auf eine Passivität aufseiten des Rezipienten, ein entspanntes Zurücklehnen, im Vertrauen, dass der Film uns schon nichts Böses will, dass er, im Gegenteil, vielleicht sogar dazu in der Lage ist, über eine Welt und ihre Zusammenhänge nachzudenken, wie es ohne ihn nicht ginge

---

2 Ausnahmen bilden hier beispielsweise die Schriften zur Filmbildung von Olaf Sanders (2009, 2011), Heide Schlüpmann (2010) und Manuel Zahn (2012, 2014, 2015).

und er uns genau dazu einlädt. Die Analyse, wie er dazu sowohl die Kraft wie auch die Macht der Bilder nutzt, war Gegenstand dieses Textes.

Nachdem Liu Yude die 35 Kammern der Shaolin in nur 5 Jahren gemeistert hat – schneller als jemals ein anderer Schüler zuvor – bieten ihm die Meister des Klosters an, frei wählen zu dürfen, welcher Kammer er von nun an als Meister vorstehen will. Liu Yude aber geht auf dieses Angebot nicht ein und erbittet sich die Erfüllung eines anderen Wunschs: Er möchte eine 36. Kammer eröffnen, die allen Menschen ermöglichen soll, Kung-Fu zu erlernen. Ich hoffe, in meinen wenigen Überlegungen aufgewiesen zu haben, dass das Kino – als materieller Ort an dem Film zur Aufführung kommt – diese 36. Kammer sein kann. Eine Kammer, die es durch die Ruhigstellung des Körpers des Rezipienten in besonderem Maße vermag, dass dieser sich einem Medium, das selbst ein sich bewegender, denkender Körper ist, anzuvertrauen. Damit soll nicht jeglicher rezeptiver, denkender oder gar schaffender Aktivität in der Begegnung mit Film eine Absage erteilt werden. Es wäre einfach m. E. hervorzuheben, dass jeder Aktivität, die in unserer Gesellschaft gerade als das größte Gut angesehen wird, eine Passivität vorangehen muss: „Die Berücksichtigung der Passivität verdankt sich vielmehr der Einsicht, dass Herstellen und Handeln nicht abzulösen sind von den Anstößen, Widerfahrnissen und Anrufungen, auf die sie antworten" (Busch 2012, S. 11). Der Aktivität, diesen Artikel über *The 36th Chamber of Shaolin* zu schreiben, ist die Passivität des entspannten, zurückgelehnten, jeden Kampf, jede Bewegung, jedes Geräusch und jeden Schnitt genießenden Betrachtens vorangegangen. Gebildet habe ich mich an diesem Film nicht durch ein aktives ‚Auseinandernehmen' der Bilder, sondern vielmehr im Anvertrauen meiner selbst an einen denkenden, sich bewegenden Körper, an einen wirklich großen, aufregenden, spektakulären, aber durch und durch bildungsrelevanten Film.

Mit Dank an Christoph Huber für die Hilfe bei der Filmrecherche und erhellende Gespräche.

Film

The 36th Chamber of Shaolin (Hong Kong 1978). Regie: Lau Kar-Leung. DVD Intercontinental Video 2003.

Literatur

Astruc, A. (1992). Die Geburt einer neuen Avantgarde: die Kamera als Federhalter. In
Ch. Blüminger & C. Wulff (Hrsg.), *Schreiben Bilder Sprechen. Texte zum essayistischen
Film* (S. 199–204). Wien: Sonderzahl Verlag.

Benjamin, W. (2002). Lehre vom Ähnlichen. In Schötker, D. (Hrsg.), *Medienästhetische
Schriften* (S. 117–122). Frankfurt am Main: Suhrkamp Verlag.

Bordwell, D. (2000) *Planet Hong Kong. Popular Cinema and the Art of Entertainment.*
Harvard University Press.

Busch, K. (2012). *Passivität.* Hamburg: Textem Verlag.

Eschkötter, D. (2014). Zoom. In Böttcher, D. et al (Hrsg.), *Wörterbuch kinematographi-
scher Objekte* (S. 179–181). Berlin: August Verlag.

Kluge, Alexander (2012). Die Utopie Film. In Schulte, Ch. (Hrsg.), *Alexander Kluge: In
Gefahr und Not bringt der Mittelweg den Tod. Texte zu Kino, Film, Politik* (S. 43–56).
Berlin: Vorwerk 8.

Laermann, Klaus (2015) Vom Übersetzen als Verrat, von der babylonischen Sprachver-
wirrung und vom Pfingstwunder. In Brittnacher, H.-R. (Hrsg.), *Verräter. Projektionen.
Studien zu Natur, Kultur und Film* 9 (S. 54–66). München: edition text + kritik.

Riesinger, Robert F. (Hrsg.) (2003). *Der kinematographische Apparat. Geschichte und
Gegenwart einer interdisziplinären Debatte.* Münster: Nodus.

Rutherford, A. (2003). *Cinema and Embodied Affect.* http://sensesofcinema.com/2003/fea-
ture-articles/embodied_affect/. Zugegriffen: 18.02.2015.

Sanders, O. (2009). Kino als Bildungsmedium. In Wimmer, M., Reichenbach, R & Pong-
ratz, L. (Hrsg.), *Medien, Technik und Bildung* (S. 123–134). Paderborn: Ferdinand Schö-
ningh.

Sanders, O. (2011). „Das Gehirn ist die Leinwand" – über Verhältnisse zwischen Zeitbil-
dern und Einbildungskräften in der Kinophilosophie Deleuzes. In Schuhmacher-Chilla,
D. et al (Hrsg.), *Image und Imagination* (S. 31–42). Oberhausen: Athena.

Schlüpmann, H. (2010). Dritter Bildungsweg: Ausgang Kino. In Henzler, B. et al (Hrsg.),
Vom Kino Lernen. Internationale Perspektiven der Filmvermittlung (S. 11–17). Berlin:
Bertz + Fischer.

Zahn, M. (2012). *Ästhetische Film-Bildung. Studien zur Materialität und Medialität filmischer Bildungsprozesse.* Bielefeld: Transcript.

Zahn, M. (2014). Performative Bildungen des Films und seiner Betrachter_innen. Filmbil-
dungstheoretische Überlegungen für eine Praxis ästhetischer Filmvermittlung. In Mar-
tin, S. & Eckert, L. (Hrsg.), *FilmBildung* (S. 59–71). Marburg: Schüren.

Zahn, M. (2015). Das Kino als ein Dispositiv filmischer Bildung. In Othmer, J. & Weich,
A. (Hrsg.), *Medien – Bildung – Dispositive.* Beiträge zu einer interdisziplinären Medien-
bildungsforschung (S. 129–140). Wiesbaden: SpringerVS.

„Die vierhundert Streiche der Adoleszenz"

An Beispielen des Films *Les Quatre Cents Coups* von François Truffaut

Liliane Goldsztaub und Jean-Marie Weber

Filme sind wie Träume, jedenfalls aus psychoanalytischer Sicht. Es gibt Aspekte, Bilder d. h. letztlich Signifikanten, die uns als Zuschauer berühren, affizieren und uns bewegen, von Bild-Objekt zu Bild-Objekt entlang einer oder mehrerer Signifikantenketten. Letztlich erahnen wir so etwas von einer Bewegung des Begehrens der Protagonisten des Films. Darum geht es wie vielen anderen Filmregisseuren auch François Truffaut. Er will die Zuschauer auf der emotionalen Ebene ansprechen. So sagt er auch: „Ich habe immer gedacht, dass wenn man etwas zu sagen hat, sollte man keine Filme machen. Ein Film sagt nichts, ein Film vermittelt emotionale Informationen, welche eher in die Irre leiten, als dass sie beruhigende Botschaft hinterließen zu erschütternd, zu sinnlich, zu ablenkend sind, damit eine behäbige (gelassene) Botschaft resultiert." (Gillain 1991, S. 11)

Im Jahr 1959 bringt François Truffaut den Film *Les Quatre Cents Coups* (dt. Die vierhundert Streiche; dt. Verleihtitel: *Sie küssten und sie schlugen ihn*) in die Kinos, in dem der Blick auf die Adoleszenz gerichtet wird. Gemäß der Maxime der *Nouvelle vague*, ein Filmemacher dürfe nur von dem berichten, was Teil seiner persönlichen Erfahrung sei, erzählt Truffaut in der Geschichte des zwölfjährigen Antoine Doinel verschlüsselt seine eigene Jugend. Über ein halbes Jahrhundert nachdem Jean-Pierre Léaud in der Rolle des jungen Antoine Doinel das Publikum beim Festival von Cannes verblüfft hat, sind sämtliche komplexe Aspekte der Adoleszenz darin auch heute noch zu finden.

Im Vorspann des Films sehen wir den grauen Himmel von Paris und die oberen Etagen der Häuser und Hallen, zwischen denen immer wieder die Spitze des Eif-

© Springer Fachmedien Wiesbaden GmbH, ein Teil von Springer Nature 2018
J.-M. Weber et al. (Hrsg.), *Lehre im Kino*, Medienbildung und
Gesellschaft 38, https://doi.org/10.1007/978-3-658-17014-1_7

felturms zu erblicken ist. Bis die Kamera zuletzt den Turm ganz im Blick hat, sich sozusagen mit ihm vereint. Damit ist das Geschehen schon angedeutet. Auch die Musik nimmt schon zu Beginn alle Stimmungslagen zwischen Ausgelassenheit und Traurigkeit vorweg.

Dann zeigt die Kamera uns ein Klassenzimmer, in dem, während der Lehrer den Unterricht abhält, das Foto eines Pin-up-Girls die Runde macht. Antoine malt der Frau einen Schnurrbart ins Gesicht und vollzieht damit eine erste Aggression gegen das Weibliche. Er wird dabei erwischt, als er das Bild gerade an den Nächsten weitergibt. Er wird daraufhin bestraft und muss sich hinter die Tafel stellen, während der Unterricht weitergeht. Er erhält eine doppelte Strafe: Zudem muss er auch in der Pause im Klassenzimmer bleiben. Da schreibt er schließlich auf die Wand: „Hier litt der arme Antoine Doinel, ungerecht bestraft von *Petite Feuille*, dem nicht zu ernst zu nehmenden Lehrer, für ein Pin-up, das vom Himmel fiel. Für uns wird gelten: Auge um Auge, Zahn um Zahn".

Ab hier zeigt der Film, wie Antoines Leben sich zwischen Außen- und Innenräumen bewegt, wobei die Außenräume eher als Freiräume gekennzeichnet werden und die Innenräume eher als Zwangsräume figurieren. Diesbezüglich zeigt sich wie die republikanische Schule sich zwar den Werten „Freiheit, Gleichheit, Brüderlichkeit" verschreibt, darin aber angesichts des Strebens der Adoleszenten nach Unabhängigkeit kläglich versagt: „Ich warne euch, ich werde ungerecht sein. Wenn der Schuldige sich nicht meldet, wird der Nachbar büßen", sagt der Lehrer.

Bevor einige Aspekte dieser und weiterer Szenen des Films aufgegriffen und Überlegungen zur Beziehung zwischen Erwachsenen und Jugendlichen angestellt werden, wollen wir zunächst kurz auf verschiedene Herausforderungen der Adoleszenz eingehen.

1   Ein Film über die Krisen und Revolten in der Adoleszenz

Schon vor dem Dreh des Films hatte Truffaut sich längere Zeit mit der Problematik der Adoleszenz beschäftigt (vgl. Gillain 1988). Er wollte vor allem den Eltern die Originalität der Jugendphase mit ihren Krisen und Revolten näherbringen. Dies ist ihm wohl auch bei seinen eigenen Eltern gelungen, da letztere wenig begeistert waren von diesem Film, nachdem er in Cannes ausgezeichnet wurde.

Der Übergang der Adoleszenz – um mit Jean-Jacques Rassial, in Anlehnung an sein Buch *Le passage adolescent* (1998) zu sprechen – ist eine Zeit starker psychischer Veränderungen. Nach Sigmund Freud (1987) ist es der späteste Zeitpunkt, den Ödipuskomplex zu überwinden. Zahlreiche Psychoanalytiker heute sind dagegen der Auffassung, dass es sich um eine Übergangsphase handelt, in der sämtliche kindliche Phasen erneut durchlaufen werden können: die orale, die anale, die phallisch-genitale sowie die ödipale Phase einschließlich des Spiegelstadiums im Sinne Jacques Lacans.

Die mit der Pubertät einhergehenden körperlichen Veränderungen sind zwar nicht immer, doch häufig Zeichen psychischer Bewegungen, die sich in dieser Periode vollziehen. Bisweilen gehen die der Adoleszenz eigenen psychischen Bewegungen der Pubertät voraus. Truffauts Film ist von umso größerer Brisanz, als hier eine Klasse mit Kindern und Heranwachsenden zu sehen ist und heute ja vermehrt Fragen in Bezug auf die Adoleszenz bei Kindern auftauchen. Phillipe Gutton (2013) bezeichnet mit *le pubertaire* die Zeit, in der die psychischen Herausforderungen an die körperlichen und hormonellen Herausforderungen gekoppelt sind. Er unterscheidet sie von den Vorgängen während der Adoleszenz, bei denen wiederum vielmehr die Fragen der Identifizierung eine Rolle spielen.

Um welche Bewegungen des Heranwachsens handelt es sich nun hauptsächlich in der Adoleszenz?

Die körperlichen Veränderungen werden meist als fremd empfunden und sind bei manchen Jugendlichen die Ursache mehr oder weniger stark ausgeprägter Angstzustände. Auch wenn ältere Brüder oder ältere Schwestern es vorgelebt haben und etliche Filme für Jugendliche die Bildschirme überfluten, werden diese Veränderungen am eigenen Körper oftmals als fremd wahrgenommen. Es ist eine Zeit der Unsicherheit, in der sämtliche Bezugspunkte und alle bisher gewonnenen psychischen Repräsentanzen ins Wanken geraten. So hat zum Beispiel das Kind im besten Fall ein Körperschema und ein unbewusstes Bild seines Körpers erworben. Nun ist aber alles auf den Kopf gestellt. Die Änderung dieser Repräsentanzen wird sich nicht von heute auf morgen vollziehen, dafür ist einiges an unbewusster psychischer Arbeit nötig. Den Zeitraum, der für die psychischen Veränderungen erforderlich ist, erlebt der Heranwachsende als eine Zeit der Verwirrung, Fremdheit und Verwundbarkeit. Sie wird überdeckt durch provisorische Lösungen, die in Form von *Acting*[1], *passage à l'acte*[2], psychischen Störungen oder Risikoverhalten in Erscheinung treten können. Der Heranwachsende er/findet provisorische Lösungen, die gefährlich oder auch krankhaft sein können und die oftmals nur „zusammengebastelte" Ideen darstellen, bis neue unbewusste Bezugspunkte auftauchen.

---

1   Acting: (Agieren) Handlung, die ein Wort ersetzt und die in einer Übertragungsbeziehung erfolgt.

2   Passage à l'acte/Acting-out: (Ausagieren; unbewusstes Agieren) Nach Lacan ein gewaltsames Streben, das versucht das Subjekt zu behaupten und außerhalb einer Übertragungsbeziehung erfolgt.

Viele Reaktionen der Jugendlichen im Zusammenhang mit ihrer Identitätssuche stehen in Bezug zur Umgebung. Wer reagiert auf wen? Wenn beispielsweise die Antoine-Figur das Gesetz der Vergeltung – „Für uns wird gelten: Auge um Auge, Zahn um Zahn" – an die Wand schreibt, an wen ist es gerichtet? Dieser Schreibakt ist eine gute Metapher für den Begriff der Übertragung[3] im Freud'schen Sinne, ein *Acting*. Mit Lacan gesprochen setzt der Lehrer voraus, dass Antoine sich des Regelverstoßes bewusst ist, und benennt ihn als Schuldigen. Antoine wiederum nennt in einer anderen Bewegung – die von Lacanianern als „in dieser Übertragung gefangen" oder von anderen als Gegenübertragungsreaktion bezeichnet wird – nicht sein Leid, er teilt es durch verschiedene *Actings* mit: „Hier litt der arme Antoine Doinel" bezüglich der Identitätssuche … Wer Ohren hat zu hören …! Dasselbe gilt, wenn Antoine später zuhause den Ofen so öffnet, dass die Flammen gefährlich austreten, wenn er an den Gardinen die Hände abreibt oder Geld klaut. Er drückt in diesen *Actings* seinen „*mal de mère et de père"* aus, da ihm die Sprache fehlt, sein Begehren zu verbalisieren.

Von Beginn des Films an kann man sich fragen, wen der Lehrer für Antoine repräsentiert: Substituiert er seine Mutter, die gar nicht liebevoll und mit ihrem Sohn sehr streng ist? Oder den Vater Julien, der es dem Sohn überlässt, mit der Mutter zurechtzukommen, und von dem man später erfährt, dass er nicht der biologische Vater ist? Welche familiären Probleme bringt der Jugendliche in den schulischen und sozialen Bereich?

Es ist allerdings so, dass das, was der Jugendliche hinterfragt, nicht immer von den Eltern hervorgerufen wird, das heißt, dass sie nicht immer die Ursache dafür sind. Die Beziehung zur Welt des Heranwachsenden und die psychischen Repräsentanzen, die er sich davon gemacht hat, aber auch die Realität der Familie führen zu Gedanken und Reaktionen, die singulär bleiben. Anhand von zwei Beispielen aus *Les Quatre Cents Coups* wird der Einfluss der Eltern auf das Verhalten der Jugendlichen gezeigt, nachdem diese mit den Herausforderungen des Sexualtriebs in der Adoleszenz wieder konfrontiert sind. Auf diesen Einfluss der Eltern werden wir später noch zu sprechen kommen.

Die Zeit der Adoleszenz folgt auf die Latenzperiode, in welcher der Geschlechtstrieb[4] im Hintergrund steht und die Herausforderungen im Zusammenhang mit der

---

3   Übertragung: Affekte aus der Kindheit werden in der Jetztzeit aktualisiert und eingesetzt, übertragen. Jacques Lacan reformuliert Freuds Konzept der Übertragung und spricht vom Subjekt, dem Wissen unterstellt wird („sujet supposé savoir").

4   Trieb: mit einer psychischen Repräsentanz verbundene Energie, die vom Organischen, vom Soma ausgeht.

libidinösen Energie weniger zum Tragen kommen, insofern als es sich eher um eine Zeit der Sublimierung[5] handelt.

In der Adoleszenz steht der Geschlechtstrieb im Vordergrund, Fragen im Zusammenhang mit der Identifizierung der ödipalen Phase sind vorherrschend. Die Änderungen in Bezug auf den Identifizierungsprozess werfen erneut Fragen im Hinblick auf die unbewusste sexuelle Wahl auf, das Geschlecht, mit dem der Heranwachsende geboren ist, zu akzeptieren oder nicht und sich unbewusst für die weibliche oder männliche Seite zu entscheiden, auch wenn beide Pole bei jedem Menschen immer vorhanden sind. Ebenfalls bestätigt sich die unbewusste Wahl der eigenen Identität (in gewisser Weise der Typ Mann oder Frau, mit dem sich der Jugendliche identifiziert). Der aktive Geschlechtstrieb in der Adoleszenz führt zu Flirtverhalten, Weglaufen von den Eltern, bedingt durch den ödipalen Konflikt oder im Gegenteil mitunter zu „Anklammerung" an einen Elternteil und den Konflikt in Bezug auf den anderen Elternteil. Im Fall eines „klassischen" Ödipuskomplexes widersetzen sich also die Jungen dem Vater und die Mädchen ihrer Mutter, um es in vereinfachter Form zu beschreiben, denn die Sache stellt sich durchaus komplexer dar. Trotzdem werden wir hier sehen, wie schwierig es für Antoine ist, den Ödipuskomplex zu überwinden.

Das Triebhafte zeigt sich schon da, wo ein Kalender mit einem Pin-up-Girl in der Klasse weitergereicht wird. Antoine begnügt sich nicht damit, das Motiv nur anzuschauen, sondern bemalt das Bild. In einer anderen Szene des Films trägt der Lehrer ein Gedicht Jean Richepin (1849–1926) zum Diktat vor: *Le lièvre* (dt. Der Hase) ist ein suggestives Gedicht, das davon erzählt, wie eine Lehrerin ihn auf die Knie nimmt und küsst. Als diese Worte in der Luft schweben, wird die Klasse unruhig und die Schüler ahmen die Umarmung und Liebesgesten nach. Worauf ist das erheiterte Verhalten der Schüler zurückzuführen? Auf das Gedicht selbst, seinen Wortlaut? Auf die „Aussprache" des Lehrers, heißt die sonderbare Art, den Text zu lesen und dabei bestimmte Worte und somit bestimmte Bedeutungen hervorzuheben? Auf die Situation der Adoleszenzzeit und das, was verstanden wird? Auf die Tatsache, dass sich die Wahrnehmung des Gehörten eines Jugendlichen auf die ganze Klasse überträgt? Für jeden spielt es sich auf singuläre Weise ab, für einige aber richtet sich der Blick darauf, wie der Lehrer diese Reaktion ohne sein Wissen hervorgerufen hat. Unterrichtsgegenstände sind jedenfalls nicht ohne Effekt auf die Schüler. Bewusst oder nicht, gelten sie für den Lehrer und Schüler als psychische Objekte.

---

5   Sublimierung: Überführung der Libido in intellektuelle, kulturelle Neugier (Wissensdrang und kulturelle Tätigkeit).

2   Antoine auf der Suche nach seinem Platz

Das zweite Beispiel zeigt, in welchem Verhältnis die beiden Heranwachsenden zu den Regeln stehen: Antoines Freund, René, der ihn unterstützt und ihn in den 400 Streichen, dem Abstoßen der Hörner,[6] bekräftigt, und Antoine selbst.

Antoine lebt in einer Familie mit einer Mutter, die ihn nicht liebt, ihn vernachlässigt (er trägt einen Schlafanzug mit Löchern, hat einen Schlafsack anstatt Laken, sein Bett in einem winzigen Raum). Sie versucht das Schweigen ihres Sohnes zu erkaufen, als ihr schulschwänzender Sohn sie in den Armen ihres Geliebten sieht. Schließlich schlägt sie einen überaus harschen Ton an, als er in ein Heim der Fürsorgeerziehung für straffällige Jugendliche kommt.

Sein Stiefvater ist eher wohlwollend, widersetzt sich jedoch niemals seiner Frau und verschließt die Augen vor dem, was ihm eigentlich Anlass zum Nachdenken geben sollte. Sei es die späte Heimkehr seiner Frau am Abend, sei es ein neuer Füller von Antoine, ausweichende oder vage Erklärungen genügen ihm. Wenn es um das Aufzeigen von Grenzen geht, bleibt er ambivalent, mal zeigt er sich kumpelhaft: „Frag Deine Mutter, ob dicke Luft ist"; mal streng: Nachdem Antoine als Entschuldigung für sein Fehlen und eine nicht vorgelegte Strafarbeit erklärte „Meine Mutter ist gestorben", ohrfeigt der Stiefvater ihn vor der ganzen Klasse.

Antoine schlängelt sich deshalb durch die Familienregeln, einige davon hält er ein, wie den Abfall nach unten bringen (ein Satz, der mehrfach wiederholt wird und vielleicht nicht unbedeutend ist), den Tisch decken usw. und andere überschreitet er: Er wischt sich die Hände an den Vorhängen ab, nachdem er den Kohleofen bestückt hat, schwänzt die Schule, stiehlt eine nummerierte und unverkäufliche Schreibmaschine aus dem Büro seines Stiefvaters.

Da weder der Vater noch der Lehrer sich für ihn an der Stelle des symbolischen Dritten befinden, wird die Figur von Honoré de Balzac zum Ideal und und dann auch rituell mithilfe eines Altars, vor dem Kerzen angezündet werden, verehrt. Dies wohl auch als Unterstützung auf der Suche nach Bezugspunkten, einem Absoluten. Balzacs Buch *A la recherche de l'absolu* soll der Entwicklung des Ich-Ideals wie auch des Ideal-Ichs dienen. Von solchen Zusammenhängen kultureller Objekte und mit der grenzüberschreitenden Suche eines Jugendlichen nach der eigenen Wahrheit seines Begehrens hat der Lehrer keine Ahnung oder will sie nicht haben. Deshalb führt dieses Interesse, weil es kein Echo findet, auch zunächst nicht weiter, womit die Spirale der gegenseitigen Entfremdung sich nur noch weiterdreht.

---

6   Vielleicht kommt diese Rede vom *Greenhorn* dem Französischen nahe. Sie wollen
      beide nicht mehr ein *Greenhorn* sein.

Die Eltern von Antoine fragen sich, was sie mit dem unbequemen Heranwachsenden tun sollen: Ob sie ihn während der Schulferien ins Ferienlager schicken, ihn bei der Polizei anzeigen, als er stiehlt und von zu Hause wegläuft. Antoine selbst findet für sich provisorische Lösungen für eine Fragestellung, die durchaus im Zusammenhang mit der Suche der Identifizierung steht. Auf die Hartherzigkeit der Mutter findet er eine imaginäre und symbolische Antwort. Er lässt sie gegenüber dem Lehrer sterben, merkwürdigerweise als Entschuldigung, um einer weiteren Strafe zu entgehen. Er stiehlt im Büro seines Stiefvaters. Alle diese Botschaften, die gesendet wurden, warten darauf, entgegengenommen zu werden. Es kann festgestellt werden, dass zahlreiche als straffällig geltende Jugendliche *Actings* vollzogen, die nicht gehört wurden und die sich in eine *passage à l'acte* umgewandelt haben.

Antoine gibt durch sein Lügen, Ausreißen und Stehlen, sogar durch einen unbeabsichtigt ausgelösten Brand im Haus[7] zu verstehen, dass die Beziehung zwischen ihm und den Erwachsenen, die ihn versorgen, gestört ist. Mit seinen Regelverstößen greift er zum einen die Lügen, Täuschungen und das Unausgesprochene der Erwachsenen auf und er schließt zum anderen an die schwammigen Regeln seiner Eltern an, die bisweilen zum völlig falschen Zeitpunkt permissiv, dann wieder äußerst hart sind. Antoine sucht auf seine Weise einen Weg, einen Umgang mit dieser Situation. Begleitet wird er dabei von seinem Freund und Komplizen René, der in seiner Familie vor identischen Problemen steht. Beide sind auf der Suche nach Befreiung aus den Diskursen und dem Begehren der Eltern und schenken sich dazu die Aufmerksamkeit, welche ihnen Letztere versagen. Antoine will, wie er es mehrmals betont, sein eigenes Leben leben, und so stellen die einzelnen Streiche und Übertretungen Akte eines Begehrens dar, dessen spezifische, auch singuläre Gestalt noch gesucht wird.

René sieht seinen Vater, der sich um seine Versorgung (Essen, Geld) zu kümmern scheint, kaum. Er sieht, wie seine Mutter Geld aus einer Schatulle nimmt, und tut dies ebenso. Der Film zeigt einen Vater, der zu einigen Punkten Regeln aufstellt und vor anderen die Augen verschließt.[8] Seine Mutter scheint abwesend zu sein und ihrem Mann aus dem Weg zu gehen. René läuft ebenfalls von zu Hause weg, entgeht aber dem Erziehungsheim. Vielleicht genießt er größere Freiheit als

---

7   Antoine hat einen kleinen Altar zu Ehren von Balzac und dessen Buch *Die Suche nach dem Absoluten* errichtet und ist von dessen „Heureka ... Ich habe es gefunden" begeistert. Eine brennende Kerze setzt den kleinen Vorhang, der den Altar verdeckt, in Brand, als die Familie bei Tisch sitzt.

8   Als der Vater feststellt, dass das Zimmer seines Sohnes voller Rauch ist und eine Flasche Alkohol geleert wurde, erklärt er René, dass er ihm den Wert von drei Zigarren vom Taschengeld abziehen werde. Zur Anwesenheit Antoines, der sich hinter Renés Bett versteckt hat und dessen Füße er hervorschauen sieht, sagt er dagegen nichts.

Antoine, entweder weil seine Eltern nicht weiter danach fragen, was er so treibt, oder weil er selbst die Regeln nicht einhält, die keine größeren Konsequenzen für das soziale Band haben. Jedenfalls scheint er sich den Blicken der Erwachsenen gut entziehen zu können.

Letzten Endes ist es Antoines Beziehung zu seiner Mutter und zum Weiblichen, welche von großer Bedeutung ist. Schon zu Anfang des Films zeigt sich das, als Antoine sich im Spiegel der Mutter anschaut, sich mit ihrem Kamm durch die Haare fährt, so als sehne er sich nach einer/ihrer zärtlichen Berührung. Er sucht die Mutter, ihre Liebe und ihren anerkennenden Blick. Es ist eine ambivalente Beziehung zur Mutter, welche den ganzen Film durchzieht. Neben Liebe und Aggressivität ist das Verhältnis auch durch Ängste gegenüber der Frau, welche einerseits als Mutter abwesend ist und ihn andererseits sexuell reizt und bezirzt wie z. B. dann, wenn sie ihn in der Badewanne wäscht. Es ist diese Angst vor dem geheimnisvollen Körper der Frau, welche ihn unbewusst bestimmt und sich immer wieder durch Verschiebung und Verdichtung im Laufe des Films zeigt. Dies ist zum Beispiel der Fall in der Szene, wo er vor einem Geschäft zwei Frauen zuhört, wie sie von einer schwierigen und blutigen Geburt sprechen, bei der alles aus dem Körper der Frau herausgezogen werde. Unfähig dieses Gespräch zu verarbeiten, bricht er schließlich zusammen.

Auch das Stehlen, etwa einer großen Schreibmaschine, deutet im Anschluss an Winnicott daraufhin, dass Antoine auf der Suche nach einem psychischen Objekt ist, das fehlt. Insgesamt ist sein Verhalten des Lügens und Schulschwänzens Ausdruck einer mangelnden symbolischen und imaginären Unterstützung; ist aber auch als Versuch der Selbsttherapie zu verstehen, also der Entwicklung des eigenen Begehrens.

Diese Ambivalenzen, welche verstärkt werden durch den Kontrakt zwischen Mutter und Sohn, nichts darüber zu sagen, dass Antoine die Mutter mit einem Liebhaber gesehen hat, verunmöglichen es dem Vater den Platz des Dritten einzunehmen. Auf der Suche nach Mütterlichkeit und dem Vater als Dritten findet Antoine in der Schule als Institution keine Unterstützung. Zwar wird hier im Englischunterricht die Frage nach dem Vater gestellt: „Where is the father?", allerdings lediglich um in Anspielung an Josef von Sternbergs *Der Blaue Engel* die Aussprache zu trainieren.

Ähnlich wie im Sportunterricht die Jugendlichen von oben gefilmt ausschwirren, irrt Antoine in Paris umher und findet weder innerlich noch äußerlich seinen Platz. Nur im Rotor auf dem Jahrmarkt, der als Anspielung auf das spätere Kino fungiert, kommt es zu einer Art Ekstase und in der Traumwelt des Kinos selbst fühlt er sich wohl.

3   Der Film als pädagogisches Institut

Die Kinobesuche halfen Antoine, sich eine Identität zu fantasieren. Hier zeigt Truffaut schon das, was später Zizek formuliert, dass der Film ein pädagogisches Institut ist, das uns unterstützt, das Begehren zu lernen. Damit rückt der Film an die Stelle des von Freud konzeptualisierten Familienromans. Hier zeigt sich auch die Nähe zu Truffauts eigenem Weg. Letzterer gibt in einem Interview anlässlich der Veröffentlichung des Films *La Nuit américaine* preis: „Ich drehe Filme über eine Frage, die mich seit 30 Jahren bewegt: Ist das Kino wichtiger als das Leben?"

Durch den Besuch seiner Mutter im Erziehungsheim erfahren wir, dass Antoine seinem Vater geschrieben hat und von der außerehelichen Beziehung der Mutter sprach. Interessant ist hier der Akt von Antoine, dass er seinen Stiefvater an den Platz des Dritten stellt, und somit die duale Beziehung mit der Mutter definitiv aufbricht. Dies ist ein weiterer Schritt, um seine Freiheit zu gewinnen.

Schließlich wirft der Film die Frage nach der Bindung zwischen Erwachsenen und Jugendlichen auf. Die Lehrenden sollen herangeführt werden, sich Fragen zum Verhalten der Heranwachsenden in der Klasse zu stellen. Häufig fragen sich die Lehrenden, was die Eltern tun, und umgekehrt stellen die Eltern die Lehrenden infrage. Es ist jedoch zweifellos fruchtbarer, die Frage zu stellen, was der Jugendliche mit seinen Akten und Worten auszudrücken versucht. Zwar ist es schwierig, wenn man für eine Gruppe von Schülern verantwortlich ist, auf jeden Einzelnen einzugehen. Doch ist es nachteiliger, die Gruppenphänomene und die Herausforderungen der Adoleszenz unberücksichtigt zu lassen, als sich die Zeit zu nehmen, den Sinn dessen herauszufinden, was sich in einer Klasse ohne das Wissen des Lehrenden abspielt.

Die Schule und ihre Lehrer werden hier als unfähig dargestellt, mit der Singularität, d. h. mit den Symptomen des Einzelnen so umzugehen, dass ein Prozess der Subjektivierung, des Lebens und Entwickelns des eigenen Begehrens in der Gesellschaft geschehen kann. Schule in Truffaults Film ist vor allem auf Disziplinierung aus. Prozesse der Sublimierung werden nicht gefördert. Deshalb stoßen auch die Versuche von Antoine, seine Anliegen durch Texte zu versprachlichen, auf taube Ohren und lösen ganz im Gegenteil noch negativere Reaktionen beim Lehrer aus. Der Lehrer reagiert zunächst empathisch auf die Aussage Antoines, dass die Mutter tot sei. Nach der Aufdeckung dieser Behauptung als Lüge reagieren Lehrer und Vater nur autoritär mit Disziplinierungsmaßnahmen. Ein Hören auf das, was Antoine damit versucht zur Sprache zu bringen, gibt es nicht. Dieses Hören findet eigentlich erst bei der Psychologin statt, wo er sprechen kann. Dabei zeigt sich, dass der Prozess des Loslösens für ihn so schwierig ist, da die Mutter ihn überhaupt nicht zur Welt bringen wollte und ihn deshalb auch zur Großmutter abgeschoben hat. Diese Verneinung seiner Existenz drückt sich in ihrer gesamten Haltung bis zu Ende aus, speziell dadurch, dass sie ihn nie mit seinem Namen bezeichnet.

Die Veränderung des Verhaltens eines Heranwachsenden, übermäßiger Rückzug oder sein theatralisches Auftreten in der Schulklasse oder in der Familie, *Actings* wie Stehlen, erhöhte Risikobereitschaft (Rauschtrinken, regelmäßige Einnahme von toxischen Stoffen, riskantes Fahrverhalten u. a. m.) sind Zeichen für Fragestellungen in der Zeit des Heranwachsens, die keine Antwort, keinen Sinn finden.

Wie soll die Zeit für einen Dialog zwischen Eltern, Jugendlichem und Lehrendem gefunden werden, um zu befragen, was geschieht, und dem Heranwachsenden die Möglichkeit zu geben, wieder Bezugspunkte zu finden? – Es ist leicht, hier etwas dazu zu schreiben, die Umsetzung gestaltet sich wesentlich komplexer.

Tatsächlich die Zeit für die Begegnungen aufzubringen, die Bereitschaft des Einzelnen, die Begegnung zu wollen, die singulären Herausforderungen und die Beziehung zur Welt jedes Einzelnen, mit den unterschiedlichen Werten und Kulturen, dies alles verlangt, sein Begehren einzusetzen – was durch den Alltag mitunter nachlassen kann.[9]

Truffauts Film endet schließlich in einer Sequenz, in der Antoine ein letztes Mal wegläuft, er reißt aus dem Erziehungsheim aus und gelangt ans Meeresufer. Eine einfache Auslegung dieser Sequenz wäre aufgrund des Signifikanten „Meer" die Rückkehr zur Mutter. Es geht aber unseres Erachtens im Film vielmehr um ein Grenzgeschehen, ausgelöst durch eine Not, einen Mangel oder eine Verletzung. Dieser Mangel treibt den Menschen sein ganzes Leben hindurch an, bringt ihn in eine begehrende Bewegung, wenn eben auch etwas in Aussicht ist.

Truffauts Filme, der hier thematisierte insbesondere, zeigen das Kino als pädagogisches, vielleicht besser als bildende Institution. In dieser Perspektive gibt der hier näher angesehene Film nicht nur etwas zu sehen oder zu lesen, sondern involviert auf andere Weise, sodass Zuschauer mit hoher Wahrscheinlichkeit selber wieder etwas aktivieren oder etwas in ihnen aktiviert wird, was einer der Ausgangspunkte für ihr jetziges Leben beispielsweise als Wissenschaftler oder Pädagogen ist. Das in diesem Beitrag auch manchmal in Entfernung zur ästhetischen Gestalt des Films, als Aufzeichnung des semantisch greifbaren Geschehens Geschriebene, versteht sich als Ratschlag, diesen und ähnliche Filme als empirisches und ästhetisches Reservoir und Generator zu nutzen.

---

9   Unter dem Begriff der Begegnung verstehen wir eine Zeit, in der zwei Personen, die sich ausgetauscht haben, durch diesen Austausch eine Verwandlung erleben. Es ist etwas geschehen, das beiden einen *Sprung des Denkens* ermöglicht.

Film

Les Quatre Cents Coups (dt. Sie küssten und sie schlugen ihn, Frankreich 1959). Regie: François Truffaut. DVD Studio Canal 2011.

Literatur

Freud S. (1987). *Drei Abhandlungen zur Sexualtheorie* (1905), Übersetzung von P. Koeppel, Paris: Gallimard.

Gillain, A. (1991). *François Truffaut. Le secret perdu.* Paris: Hatier.

Gillain, A. (1988). *Le cinema selon François Truffaut.* Paris: Flammarion.

Gutton, P. (2013). *Le pubertaire*, Paris: P.U.F.

Rassial, J. J. (1998). *Le passage adolescent*, Toulouse: Eres.

Poetische Reflexionen des Lehrens im Gebirge im Film *Blackboards*

Karl-Josef Pazzini

Blackboards spielt in einer gebirgigen Grenzregion.[1] Lehren wohl auch.

Beim Lehren spielen Phantasmen eine Rolle, beim Lehrer wie beim Adressaten. Da die je individuellen Phantasmen nicht zugänglich sind, wird beim Lehren versucht, einen allen gemeinsamen Schirm zur Ausrichtung des Lehrens und der Adressaten zu etablieren. Ein solcher inszenierter, fiktiver Schirm ist die Schultafel in ihren unterschiedlichen Erscheinungsformen. Arabisch/Kurdisch liest die Tafel sich *Haram* oder *Harem*[2], was auch mit die Wand, der Schutz oder der Grenzstein übersetzt werden kann. Die Tafel wird zudem im Film noch zur Beinschiene, Tragbahre, zum Ersatz für eine Wäscheleine oder auch für eine Tür.

Nicht nur hat der Film seinen Titel von der Schultafel her, nicht nur spielen sie darin mehrere Rollen, der Film als Fiktion funktioniert auch strukturell ähnlich wie eine solche Tafel, als Schirm, der in seiner Projektionszeit Phantasmen ausrichtet. Jeder Film versucht über Fiktionen, Verdichtungen, Verschiebungen, symptomartige Erfindungen und vor allem Schnitte, die unbewussten Phantasmen beim Betrachter in Schwingung zu versetzen, sodass etwas ankommt, etwas, das einige Betrachter angeht. Provoziert wird somit ein Blick (*regard*), als etwas, das einen angeht. In den Filmschnitten sowie in den inhaltlichen Schnitten des Films ist der Betrachter gefordert. Es geht um Ergänzungs- und Vernähungsarbeit, aber

---

1 Die folgenden Überlegungen zu Makhmalbafs Film führen solche von Manuel Zahn (2011) weiter.

2 Die Hinweise verdanken wir Ali Fooladin.

© Springer Fachmedien Wiesbaden GmbH, ein Teil von Springer Nature 2018
J.-M. Weber et al. (Hrsg.), *Lehre im Kino*, Medienbildung und
Gesellschaft 38, https://doi.org/10.1007/978-3-658-17014-1_8

auch um ein Zuviel, das der Film an Themen und möglichen Assoziationen produziert, die wiederum Anderes, Ferneres in Bewegung setzen können.

Schon in den ersten Sequenzen spricht der Film vom Lehren im Zusammenhang mit Arbeitslosigkeit, Leidenschaft für den Beruf, der Tatsache, dass es Schüler braucht, um überhaupt Lehrer sein zu können.

Lehrer und ihr Hauptinstrument werden ganz eng miteinander verbunden, die Lehrer werden zu Trägern der Tafel, sie sind selber wandernde Tafeln, Projektionsflächen. Sie haben in der dünneren Luft des Gebirges schwer zu tragen an diesen Brettern. Einmal aus der Situation der Schule gelöst, beginnen sie sich auch in Ihrer Funktion aufzulösen, immer wieder die Männer, die hier lehren wollen, aber auch die Tafeln, von denen der Film seinen Titel hat. Die Tafeln lassen die Menschen zu etwas unbeholfenen Insekten werden, die Tafeln werden zu Dächern, Schutzschildern, sie übernehmen eine Funktion in den kriegerisch politischen Auseinandersetzungen.

Der Filmanfang zeigt, dass Krieg ist in dieser Gebirgsregion. Es bleibt ununterscheidbar, ob die kriegerischen Auseinandersetzungen, die das Leben der meisten im Film gezeigten Menschen bestimmt, die Prozesse des Lehrens und Lernens, metaphorisieren oder umgekehrt. Oder ist das Lehren Antidot gegen das Ausleben der Aggressivität? Eines, das eine Mächtigkeit hat, die ganz anders wirkt.

Der Schüler, Waffenträger in illegalem Auftrag, das früh gereifte, mitziehende Kind, Reeboir, kommt durch eine Kugel zu Tode, gerade als er sich auf den Bildungsprozess einzulassen beginnt. Der Name Reeboir bedeutet auf kurdisch der Vorübergehende, derjenige, der vorbeigeht, der Unerreichbare (auch im Sinne von großartig), kein Stillstand, der Wünschende, der immer etwas anderes wünscht, nicht aufhört zu wünschen, der Wanderer. – Auch Reeboirs Lehrer heißt Reeboir.

Phantasmen haben zunächst einmal eine schützende und – wie auch das Spiegelstadium zeigen kann – orthopädische Funktion (vgl. Lacan 1991). Einige Metaphoriken in der Psychoanalyse oder auch in der Alltagssprache zur Beschreibung des Phantasmas legen nahe, sich vorzustellen, dass es sich hierbei um eine Art Schirm handele, der schon vorhanden ist. Lacan macht z. B. (im Seminar über das Objekt, vgl. Lacan 1966) den Vorschlag, das Phantasma wie einen unsichtbaren Schirm zu denken, als etwas, was wir in nächster Nähe vor uns haben, einen Schirm, etwa beim Aufwachen aus dem Traum, den man nicht sehen kann, auf welchem aber alle Repräsentationen sich einschreiben (vgl. Lemosof 2015, S. 123).

So führt *Blackboards* eine Art Filmtheorie vor, er zeigt einen Film auf der Suche nach den ihm adäquaten Zuschauern, die ihn am Laufen halten. Der Film läuft ja nur technisch-mechanisch weiter. Er läuft aber wie ein guter Lehrer nur weiter, wenn ihm unterstellt wird, dass der etwas präsentiert, das auf welche Weise auch immer gut sein könnte für den Betrachter. So wie die Regisseurin den Film auch losschickt mit der Botschaft: „Das könnte gut für Euch Zuschauer sein." Er beginnt mit einer Verführung. Der Film knüpft an Bekanntem an. Fast jeder wird Lehrer und Schultafeln kennen. Aber nicht in solch absurden Konstellationen.

Die Etablierung eines überindividuellen Schirms – nicht nur, aber auch im Film – dient der Ausrichtung des Imaginären und drängt zu weiterer Artikulation, die dann einen gemeinsamen Bezugspunkt hat. Filme rufen gewissermaßen zu einer gemeinsamen Konstruktion im Bereich des Sozialen auf.

Ähnlich wie bei einem anregenden Vortrag erleben sich die Zuhörer und Zuschauer mit anderen zusammen. Sie können gemeinsam etwas erfahren und sich diese Gemeinsamkeit bestätigen.

Blicke werden konzentriert im Sinne, dass sie die Frage auslösen, was willst Du, das ich für Dich bin. Diese Frage stellt der Schüler an den Lehrer, der Betrachter an den Film, auch um ihm vielleicht „sagen" zu können, das bin ich nicht. Das langweilt.

Im Blick des Films und auf den Film wird die Phantasmen-Tauglichkeit als Schutz erprobt, als Beruhigung einer Unruhe, als Anregung aus der Langeweile. Macht bekommt ein Film dabei durch die erzeugte Spannung zu den Phantasmen der Betrachter/innen. Und dann eben dadurch, dass er sie ausrichten kann und vielleicht auch dadurch, dass er nicht nur bestätigt, sondern herauslockt und neue Sichtweisen auf das Phantasma und die Welt erzeugt. So ist ein Film gleichzeitig Schutz und Auslöser. In der Produktion, aber ganz entscheidend auch in der Rezeption eines Films wie *Blackboards* und seines Blicks werden offenbar Phantasmen, die beim Lehren und Belehrtwerden auftauchen, durchgespielt. Filme können geeignet sein, angegriffene Phantasmen zu ‚reparieren', Vermutungen über die Phantasmen anderer Blickender heranzuziehen, Artikulationsräume und -zeiten zu schaffen, die von Phantasmen grundiert werden. Gelingt der unbemerkte Einbau, Um- oder Anbau des Phantasmas nicht, wird der Film leicht zum Vergrößerungsglas für etwas Anstößiges. D. h., versagen die Phantasmen, entsteht eine mehr oder weniger desorientierende, peinigende, verletzende, genussvolle oder abstoßende Bewegung in der Erfahrung des Films. Dies kann durchaus Motiv sein, Filme anzusehen.

---

1   Blackboards

Im gewählten Film haben wir es mit einer Bergregion zu tun. Die Tafeln werden wie Rucksäcke getragen. Wie Schilder auf dem Rücken, die die verletzlichen Stellen schützen, das, was der jeweilige Träger nicht sehen kann, sondern nur vom Anderen her erblickt werden kann. Auch im schulischen Unterricht hat der Lehrer die Tafel oft im Rücken, nicht so wörtlich wie die Lehrerfiguren in Makhmalbafs Film, aber auch als Schutz. Dreht er sich um, dann sind die Schüler unbeobachtet. Hier nun ist das Arrangement ganz verdreht. Die Tafeln sind gegenüber der Normalsituation mit der Rückseite zu den Rücken der Lehrer gekehrt. Sie werden zu Trägern, Subjekten der Tafel; sie sind eigentlich an der Stelle, wo sonst die Wand ist. Jetzt haben wir es mit laufenden Wänden, mit applizierten Tafeln zu tun, aus der Perspektive des Kinozuschauers. Es wird dann später noch andere Träger im Film geben, Jugendliche und Kinder, die Waffen und anderes schmuggeln und in Paketen auf ihren Rücken tragen. Beide Trägergruppen begegnen sich. Der Lehrer voller Hoffnung auf Schüler bergauf, der Kinder mit der Schmuggelware bergab. Es ist nur Platz für eine Richtung. Und so bleibt dem Lehrer nichts als sich dem Druck zu beugen und sich an die Spitze der Bewegung zu setzen. Er wird zur Avantgarde, könnte man etwas bitter sagen (vgl. Abb. 1–6).

Abbildungen 1–6   DVD-Stills aus Makhmalbafs *Blackboards* © Artificial Eye, London.

Die Grenzregion ist eine unwirtliche Gegend, karg, gefährlich, offenbar auch heiß, eine Gegend des Schmuggels. In diesen ganz unterschiedlichen Gefährdungen dienen die Tafeln im Film auch dazu, Leute aufzuhalten, sie werden immer wieder hinderlich.

In der Fiktion des Films schützen sie und dienen als Tarnung beim Überflug von Hubschraubern in der gefährlichen Grenzregion (vgl. Abb. 7).

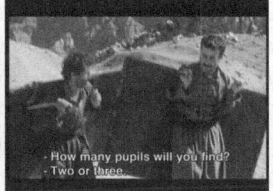

Abbildungen 7–9 DVD-Stills aus Makhmalbafs *Blackboards* © Artificial Eye, London.

Sie können auf christlichem Hintergrund auch erscheinen wie Kreuze, die zu tragen sind.

Sie werden auf dem Rücken ihrer Träger Ausweis einer Mission, Medien möglicher Vorstellung (vgl. Abb. 8,9).

Indem Tafeln Blicke konzentrieren, versuchen sie zugleich den Wechsel zwischen Blick und Sehen zu ermöglichen. Sie versuchen abzulenken von der Verfolgung je eigener Phantasmen oder der Verfolgung durch je individuelle Phantasmen. Sie sind sozusagen ein bewusst eingesetztes Mittel, unbewusste Abschweifungen einzufangen, was natürlich von der Inszenierung vor der Tafel oder mit der Tafel zusammenhängt. Die mehrfache Benutzung, das Auswischen hinterlässt eigenartige Spuren, jedenfalls für eine Weile, ähnlich einem Wunderblock (vgl. Freud 1975), manchmal auch Zaubertafel genannt.[3] Der Wunderblock ist so konstruiert, dass Schreib- oder Zeichenspuren zwar ausgelöscht werden können, aber als Spuren auf der transparenten Schutzschicht noch erhalten sind, aber nicht mehr unmittelbar lesbar bleiben und durch die Wiederholung des Beschreibens und Auswischens ein neues Muster ergeben. Für Freud ist das ein mögliches Modell für die Einschreibung von Ereignissen und Erfahrungen, die immer wieder überschrieben werden, im Prinzip aber auch neu und anders gelesen werden können.

Durch Tafeln wird von der Lehre etwas präsent und wahrnehmbar in einer räumlich situativen Anordnung. Der Film *Blackboards* kann zeigen, wie sich Raum- und Zeitkonstellationen durch die mit den Lehrern wandernden Tafel ändern, wie Räume und Gespräche anders aufgeladen werden, wie sich Situationen auf eine besondere Weise verdichten, wenn Tafeln auftauchen. Es sieht so aus, als wenn es um einen einzigen Zug ginge, der in einer anderen Landschaft auftaucht

---

3   Siehe dazu auch Alejandro Guijarros Arbeit *Momentum* (2010 – 2013). Guijarro besuchte Hörsäle und fotografierte nach Ende der Veranstaltung die Tafeln, URL: http://www.alejandroguijarro.com/ongoing/blackboards/ und http://www.theguardian.com/artanddesign/2013/jun/19/alejandro-guijarro-best-photograph-blackboard (10.04.2015).

und diese verwandelt. In den Variationen wird deutlich, wie selbst im Gebirge durch das Hantieren mit der Tafel, ihre Aufstellung, ihre Umwidmung zur Wand, zur Zielscheibe, zum Dach, Schutzschild, Schieber Machtrelationen aufgebaut werden, wieder verschwinden, umgewandelt und zerstört werden. Das wahrzunehmen gelingt durch die Fiktion des Filmdrehbuchs und nicht zuletzt durch die darin enthaltene Geschichte, die die Effekte der Auseinandersetzungen zwischen dem Irak und dem Iran in einer Grenzregion zeigt, in die immer wieder auf unterschiedliche Weise Grenzlinien eingezogen werden, die dann auch lebenswichtige Bedeutung bekommen.

Im Dispositiv des Lehrens, in Anspruch genommen von singulären Individuen, entfalten sich Machtrelationen. Macht und Wirksamkeit in Bezug auf einen Stoffwechsel (auf allen Ebenen: symbolisch, imaginär, real) kommen aus der Reibung mit dem, was als symbolischer Platz vorgesehen ist. Dieser Platz ist zunächst ganz und gar unanschaulich, den Sinnen direkt nicht zugetan, und erst dadurch, dass der Platz notwendig symbolisch und damit auch allgemeiner ist als das singuläre Individuum, das ihn einnehmen kann, wird derjenige, der ihn einnimmt bemerkbar und wirksam in Bezug auf diejenigen, die ihn dort wahrnehmen. Im Gebirge sieht man, wie merkwürdig Lehrer doch sein können. Die hier in Filmfiguren verwandelten Akteure werden durch das Gebirge wie durch ein Vergrößerungsglas wahrnehmbar und erscheinen im gleichen Moment so klein. Über den ganzen Film hin werden in exotischer Weise im Gebirge die Plätze des Lehrers und der des Schülers variiert. Dabei tragen die Lehrer mit der Tafel eine ganze Institution auf dem Rücken, die sich je nach dem auf unterschiedliche Weise als Raum in der Zeit entfaltet.

2   Gedicht, Poesie

Im Folgenden geht es etwas ausführlicher um eine Sequenz aus dem Film. Schon beim ersten Sehen war mir klar, zum ersten Mal verstärkt an dieser Stelle, dass der Film eine Poesie[4] ist, eine Poesie hat, ein Gedicht, eine Fiktion ist, die in diesem seltsamen Lehrraum im Gebirge etwas von der Struktur des Lehrens preisgibt. Gerade in dieser von Deutschland oder Luxemburg aus gesehen für die meisten fremden, noch unbeschriebenen Welt, kann sich hierher zurücktransportiert etwas entfalten,

---

4   Poesie wird hier nicht im aristotelischen Sinne des zweckgebundene Handelns benutzt, das wiederholbar sein muss, sondern im Sinne der Erfindung einer ästhetischen Gestalt, die an den Grenzen der Konvention eine Art Mehrwert erzielt, in der Lage ist, neue Zusammenhänge zu erzeugen.

das so bisher nicht deutlich war. Die Qualität des Filmes liegt aber auch darin, dass man den Film gerade eben noch so sehen kann, als sei er ein Dokumentarfilm mit verschiedenen Episoden. Es blitzt allerdings immer wieder auf, dass da etwas nicht stimmt im Sinne eines Abbildrealismus. Man würde andere Fortsetzungen erwarten, befremdlichere Reaktionen. Die Strukturen des Lehrens können über diesen Umweg ins Gespräch kommen. Sie sind durch den Transport gleichsam reizend verkleidet.

Bei der Arbeit am Film kann es zunächst um die Nacherzählung von Szenen und die durch das wiederholte Ansehen entdeckten Merkwürdigkeiten gehen, die beim ersten Ansehen oft nicht irritierend waren. Die Glättung beim Filmsehen, geschieht durch die Aktivität der Phantasmen. Nur so ist es überhaupt denkbar, einen Film ohne allzu großes Holpern zu sehen. Umgekehrt kann ein Unverständnis davon zeugen, dass Phantasmen aushaken oder nicht greifen. So kann man in der Zeit des Aufenthalts im Differenzraum vor der Leinwand etwas über die strukturellen und inhaltlichen Phantasmen erschließen, die die geläufigen Vorstellungen vom Lehren aufrechterhalten. Es wären dann in diesem Fall die gleichen, die es erlauben, einen Film im Zusammenhang zu sehen und meist als „glatt" einzuschätzen. Die Bereitschaft, den Film zu sehen und als kohärent wahrzunehmen, Lacher, Ärger, Schmunzeln, Kopfschütteln, innen und außen, machen auf die eingegrabenen Vorstellungen vom Lehren aufmerksam.

3   Der Brief

Ein Lehrer, der mit Tafel auf dem Rücken losgezogen war, begegnet einem Menschen, dessen Alter und Geschlecht zunächst nur erraten werden kann. Er ist verhüllt. Für den hiesigen Zuschauer wird auch nicht sofort klar, welche Tätigkeit der Verhüllte da gerade ausübt. Neben einer bäuerlichen Tätigkeit könnte es auch etwas Kämpferisches sein. Jedenfalls distanziert das Werkzeug (Dreschflegel) und die Tätigkeit die beiden Protagonisten.

Gleich wird ihm vom Lehrer – und blitzschnell dann versuchsweise auch vom Zuschauer – unterstellt, er sei ein potenzieller Schüler, könnte zumindest Schüler kennen. Der Verhüllte trennt Spreu vom Getreide (wer weiß, ob es Weizen ist), das Nahrhafte vom Unverdaulichen. Die Tafel wird zum kontrastierenden Hintergrund für die fliegende Spreu. Eine merkwürdige Projektionsfläche. Es entsteht kein Abrieb, kein Zeichen auf der Tafel[5]. Gleichzeitig verbirgt die auffliegende Spreu den Verhüllten zweifach.

---

5   Sie wird hier nicht zum Wunderblock.

Abbildungen 10–24 DVD-Stills aus Makhmalbafs *Blackboards* © Artificial Eye, London.

Es gibt, so verstehen wir, dort (noch) keine Schule. Das ist das, was den potenziellen Lehrer interessiert, es gibt auch keine Lehrer, keine Schüler. Eigenartigerweise dreht sich der potenzielle Lehrer dann um und will gehen. Es hätte auch nicht verwundert, wenn er geblieben wäre. Wunderlich also auf jeden Fall.

Abbildungen 25–39   DVD-Stills aus Makhmalbafs *Blackboards* © Artificial Eye, London.

Der Verhüllte hat sich mittlerweile als alter Mann entpuppt. Er ruft den Besucher zurück, er hält einen Brief in der Hand. Die Unterstellung greift, dass der schon Gehende ein Lehrer sei, dass er etwas wissen könne, was ihn angeht, etwas wisse, von dem er etwas haben könnte, was ihm guttäte. Die Unterstellung wird bemerkbar, dem Alten, dem potenziellen Lehrer und den Zuschauern beim versuchten Abschied.

Der Alte kann nur erraten haben, dass der Brief von seinem Sohn ist. Oder wird ihm das suggeriert vom Lehrer? Wenn es der Sohn ist, der diesen Brief geschrieben hat, dann stellt sich die Frage, ob er vergessen hat, dass der Vater nicht lesen kann, oder hat er damit gerechnet, dass der Vater jemanden findet, der liest. Es bleibt offen, wer den Brief gesendet hat und dann noch in einer Sprache, bzw. Schrift, die nicht kurdisch ist, die der Lehrer nicht lesen kann, die beide nicht sprechen. Vielleicht könnten sie sie hörend verstehen.

Aufgefordert versucht der Lehrer so zu tun, als wenn er vorläse, gibt aber auch zu verstehen, dass das, was er liest, konjektural ist. Der Alte macht mit, die Übertragung läuft. Sie tauschen sich aus und, was auch immer Verstehen sei, sie geben zu erkennen, dass es gut ist, sich gegenseitig als nützlich zu erkennen. Das war nun die erste Lehrstunde des Films. Zwei Personen, die sich gegenseitig auf Plätze verweisen. Ein Dokument, das nicht gelesen werden kann, aber vorgelesen wird, ein Kontakt, der ziemlich befriedigend für beide Seiten ist. Jedenfalls indem sie spielen, wie sie hätten sein müssen. Ist das auch eine Metapher auf das Film-Sehen?

4   Platz

Das, was die Position des Lehrers ist, definiert Grenzen für den Lehrer als jene konkrete Person. Im Film wird der Platz des Lehrers durch die Tafel markiert. Er trägt sie als Geradhalter auf dem Rücken (vgl. Pazzini 1990). Diese Markierung wird manchmal auch in ihrer konkreten Beschaffenheit genutzt, als Schutz, als Schranke, als Baumaterial, aber auch als Ausweis.[6]

Grenzen, die Plätze definieren, sind aber nicht räumliche Tatsachen, die immer sichtbar sind, kann man mit Simmel sagen, Grenzen sind soziologische Tatsachen, die sich räumlich formen.[7] Hier wird die Bühne für die Aufführung der Plätze ins Gebirge verlegt. Sie formen sich an Bildern. Und mit dieser Formung, einer Bildung, verdecken sie auch wieder etwas.

---

6   Zur Funktion der Markierung vgl. Lacan 2015.

7   „Die Grenze ist nicht eine räumliche Tatsache mit soziologischen Wirkungen, sondern eine soziologische Tatsache, die sich räumlich formt." (Simmel 1908, S. 467).

5 Präsenz

Die Präsenz des Lehrers wandelt die Topografie in eine Topologie um und ermöglicht Transformationen: Die Szene beginnt wie die Begegnung von zwei Menschen, die sich noch nie begegnet sind. Der eine arbeitet, der andere kommt dazu.
Sie unterhalten sich dann aber nicht über den Weg, die Arbeit, wo man hin will,
was man tut. Durch die Tafel im Weggehen ausgelöst, beginnt die Erkenntnis und
zugleich die Konstruktion von symbolischen Plätzen. Die beiden verwandeln sich.
Der Alte wird zum Schüler, der Junge zum Lehrer. Aus dem Dreschplatz entsteht
für eine Zeit eine Schule, ein Lese- und Vorleseplatz, ein Ort für einen Austausch
(ein Bagel kann topologisch gesehen zu einer Kaffeetasse werden). Präsenz, hergestellt durch das Sprechen und die Stimme, schafft Platz im Sinne einer Topologie, in der auf einmal die Menschen zugleich in andere Plätze rücken, ohne dass
sich am gesamte Erscheinungsbild etwas ändert. Aus vielleicht zwei Signifikanten
(Tafel und Frage nach der Schule und dem erinnerten, dem Zuschauer noch unsichtbaren Brief) werden Lehrer und Schüler. So wird in der hier gezeigten Szene
durch die deutlicher werdende Begierde des Lehrers, zu lehren, die Tätigkeit des
Bauern angehalten und eine Schule für ein paar Minuten errichtet.

6 Beilaufende Imaginationen

Wir sehen im Film mehrfach, nicht nur an dieser Sequenz: Die Arbeit des Lehrers,
wird begleitet sein von Imaginationen, Idealen, von Phantasmen, die die Arbeit
stützen, und zwar nicht nur die Arbeit als schon laufenden Prozess, sondern wie
man sich überhaupt in sie einlässt, mit ihr beginnt, sie ausrichtet, sich von ihr etwas
verspricht. Dazu bedarf es bloß einer Anfrage, einer Bitte; in anderen Fällen einer
Ablehnung oder einer Initiative des Lehrers. Die Tafeln in diesem Film sind die
Vorzeichen dafür, dass dies jeden Moment passieren kann, sogar soll.

Es gibt in *Blackboards* viele Szenen, die solche fast *Transsubstantiationen* zu
nennende Veränderungen sichtbar werden lassen, wie auch in der oben erwähnten
Szenen (dabei kann dann auch die Tafel selber zur Seite gelassen werden).[8]

Hoch im Gebirge wird die Tafel dann zur Wand, zu einer Trenn- und Schutz-
wand, zur Trennung der Geschlechter vor der Heirat, zum notwendigen Requisit

---

8 Es wird allerdings auch die misslingende Unterstellung und Verwandlung gezeigt, wo
   alle Mittel ausgereizt werden, die der Lehrer für einen Lehrer für typisch hält. Der
   Lehrer ist aber zu offensichtlich zu sehr in einer anderen Welt als der Junge, als dass
   seine Bemühungen gelingen könnten (vgl. 00:12:30 – 00:13:55).

einer Heirat und gleichzeitig zur Mitgift, die dann auch ganz wesentlich die Verhaltensweisen des Ehemanns bestimmt, hinter der er sich weiterhin versteckt (vgl.
00:27:40 – 00:29:40).

Abbildung 40   DVD-Still aus Makhmalbafs *Blackboards* © Artificial Eye, London.

In einer anderen Sequenz drängt sich einer der Lehrer als solcher auf. Während
einer Rast der schmuggelnden Jungen baut er seine Tafel auf und will lehren, verspricht, wenn sie lesen könnten, könnten sie Geschichten lesen. Einer der Jungen
sagt daraufhin, davon habe er genug und beginnt eine Geschichte zu erzählen.
Die Geschichte einer oralen Kultur. – Daraufhin fasst ein anderer Vertrauen, auch
wenn der Lehrer zum ersten Jungen sagt, dass seine Geschichten nicht interessier-
ten. Er hat sie aber schon erzählen können. Das reicht offenbar. Der Lehrer nimmt
seine Tafel mit zum anderen Jungen, der von ihm lernen will, seinen Namen zu
schreiben (vgl. 00:31:50 – 00:35:30).

Abbildung 41   DVD-Still aus Makhmalbafs *Blackboards* © Artificial Eye, London.

Solche Filme erleichtern es, Bilder, die das Lehrer-Werden begleiten, zu erwischen und zu befragen. Solche Bilder werden im Prozess der Bildung des Lehrers weitergegeben, wachgerufen, konstruiert über die theoretische und praktische Ausbildung, Anekdoten, Lektüren, Fotos, Malereien, Filme u. a. m. Es wäre für das pädagogische Arbeiten wahrscheinlich nicht förderlich, wenn diese Bilder ganz und gar unbehelligt blieben, ebenso wenig wäre es ein Fortschritt für die erziehungswissenschaftliche Forschung.

Man braucht sozusagen ‚Teilchenbeschleuniger' für die (inneren, stabilisierenden) Bilder, sie müssen überrascht werden, damit sie an einem Screen etwas von ihren Bildungen preisgeben. So wird im Film auch deutlich, wie absurd die Rituale des Lehrens sind und wie sie wirken.

So mit Filmen zu arbeiten, unterstellt, wie am Anfang schon erwähnt, dass es sich um verdichtete Realität handelt, als die Artikulation und Erhebung von Empirie. In diesem Verständnis von Empirie zählen Kunstwerke, Filme, z. B. ‚gute' Spielfilme als verdichtet-inszenierte Dokumente gesellschaftlicher Erfahrung, von Wissen um die Singularität, geborgen in zur Verallgemeinerung tauglichen Artikulationen, die so schnell wirken und einfallen, das man die Chance nutzen kann, wenn sie in ein geeignetes Experimentierfeld geraten, sich selber und anderen etwas von den Vorstellungen, inneren Bildern und Phantasmen sich so bilden zu lassen, dass sie bewusst erfahrbar werden. Dementsprechend haben wir es bei Spielfilmen oft mit Inszenierungen von inszenierten Beziehungen zu tun (vgl. Zahn/Pazzini 2011). Die filmischen Inszenierungen wiederum sind auf eine spezifische Weise mit Theorie gesättigt, in sie fließen Vorstellungen, Theorien, Wünsche u. ä. über Kontaktaufnahme, Strukturierung einer Beziehung, produktiver Umgang mit Übertragungen ein, z. B. bei der Einleitung und Entwicklung von neuen Erfahrungsprozessen, von Lehre und Lernen.

Sie lassen sich nutzen, um die das Lehren betreffende Bildungs- und Praxisfelder, die nicht alle explizit sind, artikulierbar und veränderbar zu machen. Dabei birgt die Bild- und Zeitmächtigkeit von Filmen etwa Chancen, z. B. in Form von Verstörung oder Erheiterung (sprich: Lockerung der Besetzung, Aufstörung erzwungener Wahrnehmungs- und Denkweisen) Vorstellungen von Beziehungsaufnahme, Unterstellungen zu erwischen und diskutierbar zu machen, oft leichter öffentlich zu machen.

Im Anschluss an Jean-Luc Nancy (2014) kann man sagen, dass wir im Kino unsere eigene Einbildungskraft wie ein Bild vor uns sehen können. In den anderen Künsten geht es mehr um das Bild als solches:

„Mit dem Kino aber ist die Bewegung eingeführt worden – nicht so sehr die der Objekte oder der Leute, die da gefilmt werden. Man glaubt ja immer noch, das Urbild der Bewegung im Film sei der Zug. Aber die wirkliche Bewegung im Kino ist meine Bewegung, die mir die Leinwand nicht nur präsentiert, sondern die sie mir erlaubt: eine Bewegung, in der ich mich mir selbst annähere.
So kann man im Kino einem Gesicht ganz nah sein und dann von ihm zurücktreten. […] Um in die Nähe, in eine Art Berührung zu geraten, kommt das Bild aus der Vorstellung und geht dazu über, zu rühren, indem es mit dem Auge alle Sinne berührt. […] Was auf der Leinwand geschieht, zielt in der Intensität des Strebens weniger darauf, etwas vorzustellen, als vielmehr, etwas darzustellen, zu präsentieren." (Nancy 2014, S. 12f)

Film

Blackboards (Iran 2000). Regie: Samira Makhmalbaf. DVD Artificial Eye, London 2009.

Literatur

Freud, S. (1975). Notizen über den Wunderblock (1925). In Mitscherlich, A., Richards, A. & Strachey, J. (Hrsg.), *Studienausgabe* (Bd. 3, S. 363–369). Frankfurt a. M.: Fischer.

Lacan, J. (1966). *L'objet de la psychanalyse (1965–1966). Seminaire 13*, http://www.valas.fr/Jacques-Lacan-l-objet-de-la-psychanalyse,258. Zugegriffen: 24.2.2015.

Lacan, J. (1991). Das Spiegelstadium als Bildner der Ich-Funktion wie sie uns in der psychoanalytischen Erfahrung erscheint (1949). In Lacan, J. *Schriften 1* (3. korr. Aufl., S. 62–70). Weinheim/Berlin: Quadriga.

Lacan, J. (2015). Struktur. Andersheit. Subjektkonstitution. In Finkelde, D. & Zizek, S. (Hrsg.), *Lacanian Explorations* (Bd. 1, S. 11–44 dt., p. 45–70 engl.). Berlin: August.

Lemosof, Alain (2015). Das Objekt der Psychoanalyse. Teil I: Die Wissenschaft und die Wahrheit. Ein Kommentar (Übersetzt von Cadiot, J., Hamad, A., Lefkowitz, U., Pazzini, K.-J. & Meyer zum Wischen, M.), In Y. Revue für Psychoanalyse 2/2013. *Psychoanalyse und Wissen* (S. 37–49). Berlin: Parodos.

Nancy, J.-L. (2014). »Zum Sinn der Kunst«. Gespräch mit Hans-Joachim Lenger und Christoph Tholen. In *Lerchenfeld 22, Newsletter der Hochschule für bildende Künste Hamburg* (S. 12–13). Hamburg: Hochschule für bildende Kunst.

Pazzini, K.-J. (1990). Geradhalter – Innen und Außen. Apparate für Körper, Blick und Seele. Von Dürer über Schreber zu Freud. In Wissenschaftlichen Zentrum II der Gesamthochschule Kassel (Hrsg.), *Arbeitshefte Kinderpsychoanalyse* (11/12, S. 175–222). Kassel: Gesamthochschule Kassel.

Simmel, G. (1908). *Soziologie. Untersuchungen über die Formen der Vergesellschaftung.* Berlin: Duncker & Humblot.

Zahn, M. & Pazzini, K.-J. (2011) (Hrsg.). *Lehr-Performances. Filmische Inszenierungen des Lehrens.* Wiesbaden: SpringerVS.

Zahn, M. (2011). »Blackboards«. Filmische Reflexionen der Lehre jenseits von Schule. In Zahn, M. & Pazzini, K.-J. (Hrsg.), *Lehr-Performances. Filmische Inszenierungen des Lehrens* (S. 97–112). Wiesbaden: SpringerVS.

Happy-Go-Lucky

Begegnung mit einer tragischen Lehrerfigur

Jean-Marie Weber

Regisseur und Drehbuchautor Mike Leigh der für *Secrets & Lies*, *Topsy-Turvy* und *Vera Drake* für Oscars nominiert gewesen ist, lädt uns mit *Happy-Go-Lucky* auf eine Fahrt ein, die uns zeigt, wie schwierig Bildungsprozesse zwischen Erwachsenen sein können, da das unbewusste Subjekt immer mitspielt.

Die lebenslustige Grundschullehrerin Poppy, kurz für Pauline, geht mehr oder weniger unbeschwert durchs Leben und lässt sich durch nichts unterkriegen. Als ihr zu Anfang des Films das Fahrrad gestohlen wird, bedauert sie vor allem, dass sie sich nicht davon verabschieden konnte. Sie ist leicht ‚abgedreht', aber auch sehr einfühlsam.

Sie wohnt zusammen mit ihrer Kollegin und Freundin Zoe, feiert an den Wochenenden und philosophiert gern über das Leben. Weil ihr Fahrrad entwendet worden ist, nimmt sie Fahrstunden. Ihr Lehrer ist der griesgrämige Scott. Diese Fahrstunden sind zentral für den Film. Sie stehen dabei in dialektischer Beziehung zu Poppys Begegnungen mit einem aggressiven Schüler, einer dynamischen, aber von ihrem Partner betrogenen Flamencolehrerin, einem Penner, ihrer Schwester und einem Liebhaber. Dabei geht es immer auch um affektbesetzte Übertragungsbeziehungen, d. h. um den Wunsch nach Anerkennung und der Unterstellung von Wissen (vgl. Lacan 1973, S. 210).

Dier Film zeigt uns mit der Fahrschule eine Lehrsituation zwischen Erwachsenen. Dabei merkt man, dass es wie immer um mehr als nur Fahrschulunterricht geht. Die Lehr- und Lernblockaden zeigen deutlich, dass dabei immer Identitäten als Kennzeichen des Erwachsenwerdens und -seins auf dem Spiel stehen. Menschen

© Springer Fachmedien Wiesbaden GmbH, ein Teil von Springer Nature 2018   125
J.-M. Weber et al. (Hrsg.), *Lehre im Kino*, Medienbildung und
Gesellschaft 38, https://doi.org/10.1007/978-3-658-17014-1_9

als Begehrende leben immer in der Bewegung von einem Signifikanten zu einem anderen, in der Passage von einer Identität zur anderen (ebd., S. 247). Es zeigt sich, dass auch ein so banal scheinender Fahrunterricht etwas mit dem Individuum als Subjekt des Unbewussten, d. h. als Effekt der Sprache zu tun hat (vgl. Lacan 1966, S. 835). In diesem Sinn möchte ich aufzeigen, dass der Film ein Paradebeispiel dafür ist, wie die singulären Phantasmen der Protagonisten durch die Oberfläche des Bewussten durchbrechen und Lehren bzw. Lernen auf einer bestimmten Ebene verunmöglichen. Wenngleich es gerade auch der Abbruch des Lernprozesses, auf einer anderen Ebene Ausdruck oder Ermöglichung von Entwicklungen ist, die wir als Bildungs- oder Transformationsprozess bezeichnen können.

1   Erste Begegnung zwischen dem Fahrlehrer und der Schülerin

Da ihr das Fahrrad gestohlen wurde, ist Poppy motiviert, Auto fahren zu lernen, „vielleicht mit Fahrlehrer, vielleicht auch nicht". Allerdings will ihre Freundin Zoe dazu nicht ihr eigenes Fahrzeug zur Verfügung stellen. Somit bleibt ihr nichts Anderes übrig, als sich in einer Fahrschule einzuschreiben und mit einem „richtigen Fahrlehrer" zu üben. Und so kommt es etwas zu einer ersten Fahrstunde bei ihrem Fahrlehrer Scott. Damit verlässt sie den heimischen Freundeskreis, um den institutionellen Bereich der Fahrschule zu betreten. Die Fahrschule als Institution funktioniert als etwas Drittes. Das geschieht nicht von sich aus, wie man sieht, sondern will etabliert sein. Diese erste Fahrstunde will ich nun unter einem doppelten Blick analysieren: einem pädagogisch-didaktischen und einem klinischen.

2   Pädagogische Ebene

Scott versucht sofort den Rahmen zu setzen und damit Distanz aufzubauen. Er reicht Poppy nicht die Hand zur Begrüßung und fordert sie zunächst auf, sich auf den Beifahrersitz zu setzen, um Formalitäten zu erledigen. So beginnt ein erster Teil der Inszenierung der Lehrerposition. Es zeigt sich hier, dass es die Protagonisten oder Antagonisten größtenteils selber sind, welche den Rahmen der pädagogischen Beziehung teilweise konfliktuell konstituieren. In der dualen Beziehung auf engem Raum scheint ihm das notwendig. Man sieht, dass Raum und Zeit, Wissen und Nicht-Wissen, Verbales und Non-Verbales, Nähe und Distanz wichtige Elemente der Lehr- und Lernsituation darstellen. Dabei geht es jeweils darum, wie die Verknüpfung vom Symbolischen, Imaginärem und Realem geschieht.

Wie in jeder Lehre geht es auch in der Fahrschule darum, Wissen zu erarbeiten, Techniken zu erlernen und zu erproben, ob da jemand ist, der „weiß", was einzuüben gut für den jeweils anderen ist. Dabei sieht man, dass es nicht so klar ist, was zu dieser Art von Wissen gehört. Ähnlich wie in einer Lehrlingswerkstatt geht es dem Fahrlehrer auch um die adäquate Kleidung. Stiefel mit hohen Absätzen sind fehl am Platz.

Dieses technische Wissen ist gekoppelt an ein narratives Wissen, welche der Technik ihre Bedeutung gibt. Für Scott nährt sich diese Bedeutung aus einem persönlichen Mythem, konstruiert aus mythologischen und esoterischen Vorstellungen. Dieses narrative Wissen, das der Technik Sinn geben soll, muss man verinnerlichen, um sich wie in diesem Fall an die notwendigen Blicke in den Spiegel zu erinnern.

Wie bei jedem Lehrer, finden wir auch bei der Scott-Figur eine mehr oder weniger bewusste Konzeption von dem, was Unterrichten für sie bedeutet:

> *„Let me explain something to you about teaching. The teacher's job is to bring out good habits in the pupil and to get rid of bad habits. He does that through frequent repetitive thinking. And he does that by creating clear and distinct images that are easy for the pupil to retain."*

Aber auch Poppy als Lernende ist nicht ohne Strategien. Sie will schließlich mit der Situation fertig werden, sie will mit an der Rahmenkonstruktion basteln, diese sogar vielleicht unterlaufen, um sich in der pädagogischen Situation des Fahrunterrichts mit Scott wohlzufühlen. Deshalb spielt sie mit seinen Aussagen, assoziiert auf humorvolle Art und Weise und stellt wiederum Scott Fragen nach dessen persönlichen Leben, was er zum Beispiel samstags nach der letzten Fahrstunde macht.

Ihre Sprachgewandtheit ist außerordentlich. Ihre Einschreibung in die symbolische Ordnung ermöglicht ihr, an den Rahmen der pädagogischen Beziehung mitzubestimmen. So weist die Konstruktion der Konversation daraufhin, dass sie Scott das Feld nicht überlässt.

Scott: *So you spoke to the office?*
Poppy: *I spoke to your boss.*
– He's not my boss, I work for myself. I'm my own man.
– But it's his car… or it's your car… Someone.

Oder an einer anderen Stelle fragt sie:

Poppy: *Are you a Satanist, Scott?*
Scott: *No, in fact I'm exactly the opposite.*
– Are you the Pope, then?
– That's the same thing.
– Is it? Does he know that?

Oder sie bemerkt auf ironische Weise, dass sie die Wichtigkeit des Enraha (worauf zurückzukommen ist) für Scott verstanden hat: *Don't worry, it's burnt in there.*

3 Phantasmatische Ebene

Poppy versucht einerseits, auf der imaginären Ebene ihren Fahrlehrer zu bezirzen. Und durch die Art zu reden, ihre Gesten, auch ihre Kleidung und vor allem die Stiefel, will sie ihre Differenz markieren und in ihrer Identität respektiert werden. Ihr Gegenüber mit seinem ritualisierten, zwanghaften und triebhaften Agieren macht es ihr dabei offensichtlich leicht, was ihre Lust am Reizen noch stimuliert. Sie will mehr wissen über ihn, seine Beziehung zu seiner Familie und zu seiner Firma.

Ein Phantasma als Wahrnehmungsvoraussetzung, als Schutz und Abwehr scheint hier bei Poppy die Beziehung zu charakterisieren: Da wo Reales sich auftut oder wo Imaginäres zu gefährlich wird, da reagiert sie humorvoll, witzig locker, aber auch geistreich. Eigentlich will sie, dass es locker und lustig zugeht, dass Scott es liebt, sie zu unterrichten, ihr Lehrer zu sein. Sie übernimmt also hier eine eher hysterische Position. Interessant ist dabei auch, dass sie ähnlich unterrichtet werden will, wie sie es tut, d. h. nach der Art, die sie ihren Schülern zu mögen bzw. zu brauchen unterstellt.

Auf der anderen Seite sehen wir Scott, welcher Distanz halten will. Körperkontakte machen ihm Angst und werden zurückgewiesen. Das Erotische und das Begehren dürfen im Unterricht keinen Platz haben. Alles muss ritualisiert, maschinell ablaufen und unter Kontrolle bleiben wie folgender Dialog zeigt:

Scott: *OK, Poppy. Your boots are inappropriate for a driving lesson ... You can't control a car in high heels.*
Poppy: *I can do a lot in these. You should see me in these on a dance floor.*
– They may be good on a dance floor.
– Not just good on a dance floor. They are "Oooh".

– They may be good in a Cadillac on a beach when you're pissed with your boyfriend, but they're not suitable for driving.

Seine eigenen unklaren Antworten, ob das Auto sein Wagen ist oder nicht, versucht er zu überhören. Mangel zu zeigen, darf nicht sein.

Poppy: *Did you choose this car colour?*
Scott: *Make yourself comfortable.*
– Thank you. Is this your car?
– No, it's the company's car.
– Oh, right, what's your car like, then?
– It is my car.
– You said it was the company's car. Make your mind up.

Vor allem ist es die private *Mythologie* Enraha, mit der Scott seinem und dem Leben insgesamt Sinn wie einen eindeutigen und praktischen Wertmaßstab gibt:

Scott: *Enrahah. Right, you see three mirrors – your two side-view mirrors and your rear-view mirror. They make a golden triangle.*
Poppy: *Is that like the pubic triangle?*
– It's a pyramid and at the top of it you see the all-seeing eye Enrahah. Can you repeat that, please? "En-ra-hah".
– You talking about the eye of Lucifer?
– No! Cos I don't know if I want to look in there, thank you. It's not Lucifer. There are two fallen angels before Lucifer. There is Enrahah, Raziel and Lucifer.
– I don't have them in my phone book.

Dieses Mythem soll in die Erinnerung der Schüler ‚eingebrannt' werden, damit keine Flexibilität, kein Abweichen mehr möglich ist. Darüber hinaus zeigt uns Mike Leigh, wie Scotts Leben sich in einer kleinen, begrenzten Welt abspielt. Das drückt sich unter anderem dadurch aus, wenn er davon spricht, dass er samstags in seinem Buch liest:

Poppy: *What do you do for the rest of the day? Are you going out tonight?*
Scott: *I shall go home and read my book.*
– Oh, it must be a good book. What is it?
– It's a book.

Dieses Mythem löst die Probleme. Diesen will er auch weitergeben. Es geht um Haltungen, welche durch seine Lehre sich einbrennen sollen:

Scott: It's a teaching tool. Let me explain something to you about teaching. The teacher's job is to bring out good habits in the pupil and to get rid of bad habits. He does that through frequent repetitive thinking. And he does that by creating clear and distinct images that are easy for the pupil to retain. You remember. You will remember Enrahah till the day you die and I will have done my job ... Believe me, it works.

Letztlich geht es dem Fahrlehrer von Anfang an auch darum, zu zeigen, dass er ein guter Lehrer ist, zu der besten Fahrschule gehört und autonom, Herr im eigenen Haus ist. Die Zuschauer wie auch Poppy erfahren letztes Endes aber nicht genau, welche Beziehung der Fahrlehrer zur Fahrschule hat. Einiges bleibt also strategisch verdeckt, damit Autorität nicht in Gefahr gebracht wird.

4   Klinische Ebene: Lebendigkeit versus Paranoia

Während der zweiten Fahrstunde ärgert sich Scott zunächst über den Mangel an Konzentration bei Poppy. Er wirft ihr vor, sich ablenken zu lassen, sich halbnackte Männer anzusehen und nicht seine Regeln zu befolgen. Deshalb versteht er auch nicht, dass sie Lehrerin ist. Aufgrund seines Phantasmas gehört für ihn Disziplin zum Lernen. Dabei scheint er sich nicht bewusst zu sein, dass Strenge, zwanghaftes Konzentrieren auch isoliert.

Als er von seiner Kontrahentin aufgefordert wird, über seine Erfahrungen mit Schule zu sprechen, kritisiert er gerade das autoritative Schulsystem, das er selbst applizieren will. Er wirft dem Schulsystem vor, das freie Denken zu verunmöglichen.

Zunächst versucht Poppy mit ihrem Humor Kritik und Missmut nicht abzuwenden, aber metaphorisch in neue Referenzrahmen zu setzen, also zu relativieren. Nachdem der Fahrlehrer dadurch nur noch heftiger reagiert, spricht sie ihn auf möglicherweise in der Schule erlebte Traumata an: „Kinder können schikanieren?"

Schule als destruktive Maschinerie, als traumatischer Bildungszerstörer scheint hier auf.

Scott bezieht alles auf sich und das tendenziell feindlich. Dieser paranoide Aspekt zeigt sich dann, wo Scott Poppy auffordert, die Türen abzuriegeln wegen der Ausländer, die auf dem Fahrrad vorbeifahren. Dieser Aspekt des Paranoiden wird auch da deutlich, wie er den anderen die Schuld gibt für seine Unzufriedenheit im alltäglichen Berufsleben. Die Klienten, die sich nicht an die Termine halten, stinken oder sich nicht bedanken oder die sich wie Poppy weiterhin weigern, die adäquaten Schuhe anzuziehen. So gibt es kaum einen Hinweis auf eigenes Begehren oder Genießen. Kein Wunder, dass er so streng mit den anderen ist. Schließlich ist der Zwangsneurotiker ja einer, der zu früh gereizt wurde, als noch kein schützendes Phantasma ausgebildet war, deshalb von Reizen überflutet wurde. Wie Pierre Marie (2005, S. 155) zeigt, ist er umso strenger mit den anderen, da sie es ja sind, von denen die je eigene Zufriedenheit abhängt und nicht von einem selbst und dem eigenen Begehren.

5 Grenzerfahrung: die Begegnung mit dem Wahnhaften

Nachdem sie ihre Kollegin wegen eines gewalttätigen Kindes um Rat gefragt hat, sehen wir, wie Poppy, noch bunter gekleidet als sonst, zwischen hohen Hecken durch einen schönen Garten spaziert. Das weist wohl darauf hin, dass sie, die so lebensfreudig und optimistisch ist, die Problematik der Aggressivität von Schülern, d. h. des Bösen aufarbeiten muss. Auf diesem bis spät in die Nacht reichenden Spaziergang sehen wir sie anschließend, wie sie einer Stimme folgt. Dabei begegnet sie auf einem verlassenen Industriegelände einem Penner, welcher sie eben auf die Nachtseite des Daseins führt. Er ist wohl Psychotiker, woraufhin seine Sprachstörungen hinweisen.

„It's, it's, it's, it's, it's, it's... Isn't it just? You know? You know, it's... You know, they, they, they, they, they... Do they? They're not, they're not, they're not, they're not! They're not, you know? Oh. Are you warm enough? – I know, I said that I was leaving – That's nice. – He's, he's, he's... – Is he? – You know, he's... Ah, now, and he's, he's... Oh, he's... Oh, no. He's, he's, he's... – What is he? – He's a prick. Oh! I know a few. There you go. That's it. Yeah. – You know what I mean, you know? – Yeah, yeah. She's, she's, she's... She's, she's, she's, you know. She's, she's... You know. She's, she's, she's, she was, she was... She was, she was, she was, she was... – She was so... – Was she? She wouldn't, you know. She wouldn't. She wouldn't, you know. She wouldn't, and I'm, I'm... I'm not, you know. I'm not, you know. I'm, I'm... She's... you know. She's... She's, you know. She's... You know, they're, they're, they're, they're... You know what I mean? – Yeah. I do."

Aber sie hält dieser Begegnung stand. Ihre Art, metonymisch oder durch bezirzendes und imaginäres Überspielen mit Herausforderungen umzugehen, zeigt sich hier nicht oder weniger.

„What's your name? Hey? – Come on. – Where are you going? – Taxi! – That'll be for me. Come on, 'sake. Keep your hair on. I've only just met you. Mum warned me

about going with strangers. – Where are you going? – Longest way out, shortest way home. Oh, sod's law. – Is he gone? – All right. What? – Is he gone? – Ease up. – What? – Is he gone? You what? – Is he gone? – Is who gone? – The rubber knocker man. – You what? – The rubber knocker man. – Oh! The rubber knocker man. – Sssh. – Why didn't you say? – Is he gone? – Yeah, yeah. No, he's gone, he's gone. – 'Sake. – I see him. He's a-running. He's a-rubbing his knockers. He's gone. Oh, he's gone. Hang about. Oh, there you go. Found the en suite, then. Shake it all about. What am I doing? Oh, all done, then? All right?"

Eher etwas ängstlich und respektvoll vor dem Unbegreiflichen, versteht sie letztlich, dass es Befremdendes, Unbegreifliches, ja Traumatisches gibt bzw. geben könnte. Es ist, als würde sie hier einen neuen Bezug zum Realen entwickeln und erahnt, dass Symbolisches und Imaginäres nie reichen, um das Reale zu begreifen und das bedeutet ja, zunächst vor dem Realen, dem Triebhaften nicht wegzulaufen, sondern es auszuhalten. Und so versucht Poppy, Antworten zu ‚basteln', um so auch dem möglicherweise psychotischen Gesprächspartner eine kurze Stütze von Menschlichkeit zu sein, welche ihm hilft den terrorisierenden Anderen kurz zu vergessen.

Poppy: *Have you had your dinner?*
Psychotiker: *No.*
– Here you are, take that.
– No.
– Something to eat.
– No, thank you.
– Where are you going to sleep tonight?
– In a bed.
– Of course you are. Silly me.
– What? You know?
– Yeah.

Hier werden Sätze nicht zu Ende geführt, die Syntax nicht befolgt, die Anschlüsse verfehlen. Trotz dieser Risse in der Signifikantenkette zeigt sich, dass ihr Aushalten der Wahnvorstellungen des Penners positive Effekte auf Letzteren hat. Es ist, als hätte sie das radikale Gegenüber des rationellen Lebens, das Unmögliche berührt. Die klare bewusste Antwort des Penners, dass er in einem Bett schläft und seine zärtliche Geste, mit der er das Gesicht Poppys sacht streichelt, zeigen ihr, dass auch im marginalisierten Psychotiker Menschlichkeit steckt. So kann man sich fragen, ob Poppy durch diese Begegnung nicht auch gelernt hat mit schwierigen Menschen umzugehen.

6 Das Unbewusste ist das Politische

Die darauffolgende Fahrstunde ist auch erotisch angeheizt. Scott und Poppy sprechen über Poppys Beziehung zu ihrer Mitbewohnerin. Ob provokativ oder nicht, sie lässt durchblicken, dass sie mit ihr eine sexuelle Beziehung hat. Poppy, der das unbekümmerte freie Fliegen mehr zusagt, bleibt unkonzentriert, sie passt nicht auf und riskiert einen Unfall. Dabei legt Scott zunächst wie andere den Diskurs des Erwachsenseins auf: *„All I ask you is that you behave as an adult."*

Scott kann nicht mit der Unkonzentriertheit von Poppy umgehen. D. h., dass die Phantasmen nicht aufeinander abgestimmt sind und somit zu viel Ängstlichkeit frei flottiert. Er wirft ihr vor, sich selbst, ihn und andere Menschen durch ihren Fahrstil in Gefahr zu bringen. Ihre Witze riskieren sie zum Tod zu führen. Daraufhin entwickelt sich ein Gespräch über Tod und Sterben. Von hier schwappt sein Diskurs hinüber zur kollektiven Gefahr. „Rom brennt" wegen der Ignoranz und der Krankheit des Multikulturalismus. Der kollektive und einheitliche Wille werde unterdrückt, der amerikanische Traum werde durch die Förderung der Diversität zum Albtraum. Der Zusammenhalt ist in Gefahr, so der Diskurs. Aber gleichzeitig bringt die triebhafte Erregung Scott in Gefahr. Als Poppy ihn leicht anfasst, um ihn zu beruhigen, gerät er außer sich.

Trotzdem behauptet Scott von sich, auf der Hut zu sein gegen diese Gefahren des Auseinanderfallens. Er ist aus der Asche erwacht, da er sehend ist. Das, was er sagt, ist nahe dem Wahnhaften, dem Verfolgungswahn. Genießen, Lachen, Freude wird mit Oberflächlichkeit gleichgesetzt und dann als Negatives in die anderen projiziert. Welche traumatischen Erfahrungen wird er gemacht haben? Ihm fehlte wohl diese anerkennende, liebende Haltung von Erziehern, welche ihm Freude am Leben ermöglichte. Etwas davon spürte wohl Poppy, worum sie ihm zum Abschied sagte: „Bleib glücklich!"

7 Das Begehren das sich durch und in der Krise entwickelt

Die letzte Fahrstunde ist von Anfang an unheimlich spannungsgeladen, da Poppy Scott ihren neuen Freund vorstellt. Wiederum verweigert Letzterer, diesen mit der Hand zu begrüßen. Er flüchtet in sein Auto und rast dann wie wahnsinnig mit Poppy auf dem Nebensitz durch die Stadt, beschimpft jeden, der zu langsam fährt und hält sich dabei selbst nicht mehr an die Verkehrsregeln. Sein verantwortungsloses Fahren macht Poppy sichtbar immer mehr Angst. Aber sie kann damit umgehen und entzieht ihrem Lehrer schließlich den Zündschlüssel (!). Sie zeigt ihm auch damit, dass er nicht das ist, was er zu sein vorgibt. Auch er ist nicht Meister im eigenen Haus. Damit sieht dieser seine ganze imaginierte Identität infrage gestellt. Und so wird er zunächst gewalttätig gegen Poppy. Anschließend wirft er ihr vor, ihn provoziert und somit zu dieser Reaktion gebracht zu haben – wie das beim Zwang so passiert.

> Scott: *You're doing it again. You never give in for fuck's sake, you fucking bitch!*
> Poppy: *You need help.*
> – *Don't patronise me.*
> – *I'm not patronising you.*
> – *Yes, you are always patronising me. This is what you always wanted, what you set out to achieve. This is the game you play. You prodded me. You poked me. You stroked me. You teased me. You flirted with me. You sucked me in. You wore your high-heel boots, your short skirt, your low-cut top and you flashed your tits, you tossed your hair. You played with the gear stick. You lied to me! This is all about you. The world has to revolve around you. I'm a driving instructor. I just wanted to do my job.*

Ja, die bunte Welt mit der Poppy sich umgibt, hat den Fahrlehrer sicher berührt. Ihre persönliche Art, sich farbenfroh anzuziehen, ihre spontane Art zu reagieren, die intimen Fragen nach seiner Mutter, seiner Schulzeit, hat er wohl auch als Interesse erlebt und hat sein Begehren ihr gegenüber angeregt. Ja, er hat deshalb vielleicht sogar wieder Kontakt zu seiner Mutter aufgenommen.

Sie wollte ihn nicht erziehen, aber ihre Art, ihm die Polysemie seines Sprechens aufzuzeigen, bewegte ihn und zeigte ihm immer deutlicher, dass er auch anders mit sich und der Welt umgehen kann und sollte. Aber sie hatte auch eine unbewusste Wirkung. Sie brachte sein Begehren in Bewegung oder „in Fahrt". Poppy wird zum Objekt seines Begehrens. Scott interessiert sich immer mehr für ihr Leben. Aber sie steht auch an der Stelle des kleinen Objekt a, jenes nie vorhandenen, aber verloren geglaubten, Sicherheit, Orientierung und Erfüllung versprechenden Objektes, sei es Mensch, Tier, Gegenstand oder Handlung, d. h. als dem Unerreichbaren. In der Tat ist es immer auch das Gefühl, dass sie für ihn unerreichbar ist, durch zu viel Erotik, oder dadurch, dass sie an einem anderen hängt, ihrer Freundin oder einem Verehrer, was ihn „in Fahrt" bringt. Dies wirft er ihr am Schluss vor. Er hat sie als Objekt des Begehrens erlebt, aber es wurde permanent gestört, wobei er nicht sieht, dass diese Hemmungen eigentlich von seinem eigenen obsessiven Phantasma abhingen.

Andererseits war es Poppy auch nicht ganz bewusst, welchen Einfluss sie auf ihn hatte. Sie wird sich erst sehr spät, also im Nachhinein bewusst, wie und in welcher Tiefe des Begehrens sie den anderen berührt, d. h., dass die Sexualität immer auch eine Rolle in Beziehungen spielt. In diesem Sinne macht es sie auch nachdenklich, wenn Scott sie am Schluss fragt, ob der Mann, den er sie vorhin küssen sah, ihr Freund sei. Diesbezüglich kann man auch Schlüsse für die sogenannte Lehrerausbildung ziehen: Es geht nie wirklich, auch wenn Lehrer darauf trainiert werden, Einflüsse, Übertragungen und Gegenübertragungen im Klassenraum zu kalkulieren, Reaktionen vorwegzunehmen. Das bringt zwar Schwierigkeiten mit sich; es eröffnet aber auch Raum für positive Überraschungen und für Kreativität.

Am Ende bleibt Scott nur der Anspruch, die selbstversichernde Feststellung, er sei ein guter Fahrlehrer: *„I'm a driving instructor. I just wanted to do my job."* Es war und ist für ihn eine Frage des Überlebens. Aber auch für Poppy stellt sich die Frage: „Bin ich erwachsen oder nicht?"

8   Schlussfolgerung

Die Poppy-Figur geht auf lustige, lockere, nette und liebevolle Art mit ihrer Welt und Umwelt um. Ein eigenes Begehren scheint nicht stark präsent. Sie will vielmehr, dass man nett zueinander ist und so ist sie auch eher Objekt des Begehrens der Anderen. Deshalb sagt sie auch am Ende des Filmes, dass es schwierig sei, erwachsen zu werden. Denn Erwachsenwerden heißt auch, nicht bewusst intendierte, also zwanghafte Verantwortung zu übernehmen für das eigene unbewusste Begehren. In diesem Sinn spricht Lacan (1966, S. 858) von der Verantwortung für das eigene Unbewusste. Auch wenn wir von Kind auf uns mit dem Diskurs der anderen konfrontieren müssen und uns fragen „Che vuoi", was begehrt er von mir, sind wir im Nachhinein immer verantwortlich für unsere Antwort und die Subjektivation unseres Begehrens.

Im Laufe des Films befreit sie sich teilweise vom Urteil und den Erwartungen der Anderen und riskiert sie mit dem Penner, aber auch mit Scott, eine Runde im Raum des Unmöglichen zu drehen. So entwickelt sich Singularität und ihr Lachen ist sicher Ausdruck von Freude und gelungenen Begegnungen mit anderen und dem Fremden. Dementsprechend entwickelt sich zum Schluss folgender Dialog:

Poppy: *It's hard work being a grown-up, isn't it?*
Scott: *Yeah, it is. It's a long trip.*
– Yeah, tell me when we get there.
– Don't worry, I'll let you know.
– You keep on rowing and I'll keep on smiling.

Scotts Handeln zeigt sich als stark von Wiederholungen geprägt. Dies wohl daher, da er paradoxerweise einerseits in der Erwartung nach Anerkennung und andererseits in der Angst vor dem Anderen lebt. Demgegenüber ist es die Variabilität, das Gleiten entlang der Signifikantenketten, welche ein Ausdruck davon ist, dass das Begehren das Leben prägt. Dies ist nicht gleichzusetzen mit Egoismus und Rückzug auf sich selbst. Gerade im Begehren wird der andere Mensch als symbolischer Anderer, in seiner Einmaligkeit und Würde anerkannt. So kann sich eine soziale Kohäsion entwickeln, welche auf der symbolischen Ordnung aufbaut.

Die Komplexität des Unterrichtens von Erwachsenen in einer offenen Gesellschaft hat Mike Leigh durch diese Fallstudie exemplarisch dargestellt. Das heißt nun alles nicht, dass die beteiligten Figuren nur hätten bewusster handeln müssen. Sicher lassen sich Alternativen aus der Position des Betrachters formulieren, aber unter den Anforderungen der Situation kann das, was getan wird, getan werden muss, nicht bewusst eingeholt werden. Darin liegt die Chance der Nachträglichkeit, der einzigen Chance von Bildungsprozessen.

Gefangen in seiner psychischen Struktur, gibt Scott eine tragische Lehrerfigur ab. Auch wenn Poppy ihn nicht ‚heilen' konnte, brachte sie ihn möglicherweise bis zum Nullpunkt, wie Lacan (1986, S. 251–252) sagt, d. h. zu dem Punkt, dem *ex-nihilo*, wo eingesehen wird, dass das Wiederholen der alten Muster nicht mehr geht.

Filme

Happy-Go-Lucky. (GB 2008). Regie: Mike Leigh. DVD Universum Film GmbH 2008

Literatur

Lacan, J. (1966). *Ecrits.* Paris: Editions du Seuil.
Lacan, J. (1973). *Le Séminaire. Livre XI. Le quatre concepts fondamentaux de la psychanalyse, 1963–1964.* Paris: Edition du Seuil.
Lacan, J. (1986). *Le Séminaire. Livre VII. L'éthique de la psychanalyse, 1959–1960.* Paris: Edition du Seuil.
Marie, P. (2005). *Les foux d'enface.* Paris: Denoël.

„Du hast doch mich angesprochen..."

Überlegungen zur Übertragung in der Lehre
am Beispiel des Spielfilms *A Single Man*

Joana Abelha Faria

1   Einleitung

Die Inszenierungen von Lehre im Kinofilm beziehen sich hauptsächlich auf die Darstellung von Lehrprozessen zwischen einer lehrenden Person und einem lernenden Publikum. Das Beziehungsgeschehen, welches dabei in Szene gesetzt wird, ist vonseiten der Rezipient*innen eines Filmes stark an die Handlung und dessen Voranschreiten gebunden. Die Art und Weise, wie ein solches Gefüge von Beziehungen und Bezugnahmen zur Darstellung gebracht wird, kann verschlüsselt ein Wissen über Prozesse und Momente von Übertragung in der Lehre versinnbildlichen, in ein audio-visuelles Format übertragen haben. Hierbei können in einem psychoanalytischen Kontext beispielsweise Fragen nach dem symbolischen Platz des Lehrers, den damit verbundenen Funktionen und ihrer Legitimationen verhandelt werden, oder Fragen nach der Anerkennung und den damit einhergehenden Unterstellungen.

In der folgenden Erörterung werde ich entlang der Handlung und Inszenierung des Spielfilms *A Single Man* (Tom Ford, 2009) die Beziehungs- und Abhängigkeitsverhältnisse der Figur des Collegedozenten George Falconer als Übertragungsprozesse analysieren. Dabei werden die Reformulierungen des psychoanalytischen Übertragungskonzeptes für Lehr-Lern-Prozesse nach Lühmann (2006, 2010) und Pazzini (2010, 2012, 2013) als theoretischer Hintergrund der Analysen dienen. Als Ausgangspunkt für Lehr-Lern-Prozesse handelt es sich bei der Übertragung um ein relationales Beziehungsgeschehen, welches mit der Unterstellung

© Springer Fachmedien Wiesbaden GmbH, ein Teil von Springer Nature 2018   139
J.-M. Weber et al. (Hrsg.), *Lehre im Kino*, Medienbildung und
Gesellschaft 38, https://doi.org/10.1007/978-3-658-17014-1_10

beginnt, dass jemand (z. B. die Lehrperson) etwas hat, über etwas verfügt, das gut für den/die Schüler*in sei, seinen/ihren Mangel aufheben könne.

Zu Beginn dieser Ausführungen soll ein kurzer inhaltlicher Abriss des Films eine Einordnung der im weiteren Textverlauf beschriebenen Filmfiguren ermöglichen. Daran anschließen wird eine Skizze zum psychoanalytischen Konzept der Übertragung im Kontext von Lehre und ein Exkurs zum Anerkennungs- und Verantwortungsverständnis. Verweise auf das filmische Material sowie die Romanvorlage werden entlang der theoretischen Überlegungen erfolgen und nicht nur illustrierende Funktionen übernehmen. Das Material ist vielmehr Ausgangspunkt und Anlass zur Reflexion.

2   Der Film *A Single Man*

Der Spielfilm von Tom Ford aus dem Jahre 2009 basiert auf dem gleichnamigen Roman von Christopher Isherwood (1964). Der Regisseur und Modedesigner Ford nimmt die im Roman geschilderten Erlebnisse eines Tages im Leben des Collegeprofessors George auf und erweitert diese um eine Nuance: In der Verfilmung ist dieser Tag von Anbeginn dem Tode geweiht, denn die Figur George Falconer lässt bereits zum Anfang des Spielfilms erkennbar werden, dass er sein Leben beenden will.

Nachdem sein Lebensgefährte Jim bei einem Autounfall ums Leben gekommen ist, wird das Leben der George-Figur zu einer täglich wiederkehrenden Routine. Der/die Zuschauer*in/Leser*in verfolgt den letzten Tag dieser Figur aus ihrer subjektiven Sicht, vermittelt über einen inneren Monolog. Sie erfahren, wie George nach dem Erwachen sich erst einmal selbst in der Gegenwart verorten, erst zu George werden muss; wie er dann auf dem Weg zur Arbeit im Auto eine Spaltung der Person erlebt, die im Laufe eines Gesprächs mit einem Kollegen wieder auftaucht; wie er in seiner Vorlesung einen Monolog über Angst und Minoritäten hält und dabei augenscheinlich dem Publikum seine Ängste eröffnet; wie er von einem Studenten/Schüler aufgesucht wird, der ihn besser kennenlernen will; wie er im Kontakt zu seinen Mitmenschen mit ihrer Sorge um ihn konfrontiert wird und je mehr er sich von ihnen zu entfernen versucht, diese stärker auf ihn zutreten; wie er versucht, sich erfolglos das Leben zu nehmen; wie er einen Abend mit seiner Freundin verbringt und er im Anschluss zufällig auf seinen Studenten/Schüler trifft, mit dem er sich über Lebensweisheiten unterhält; bevor er dann am Ende von einem Herzinfarkt heimgesucht wird. In beiden Fällen, im Film sowie im Roman, trifft der Tod bei der Figur unerwartet ein, denn nachdem der Lebenswille von George (im Film) zurückgekehrt ist und die Romanfigur bereits Pläne für die kommenden Weihnachtsferien geschmiedet hat, werden ihre Pläne von diesem Widerfahrnis je durchkreuzt und beendet.

Sowohl im Spielfilm als auch in der Romanvorlage wird die Handlung mittels innerer Monologe vorangetrieben. Die Beschreibung der Umgebung, der Ängste und Erwartungen an den ablaufenden Tag, werden als *Voice-Over* über den Handlungsablauf gelegt, bei dem die Figur des George Falconer im Bild ist oder auch seine Perspektive eingenommen wird. Ich möchte hier aber auch die Dialoge zwischen der George-Figur und Kenny, einem seiner Schüler, der ein besonderes Interesse im Lehrer geweckt hat, herausstellen: „George finds himself almost continuously aware of Kenny's presence in the room [...] George suspects Kenny of understanding the innermost meaning of life [...]" (Isherwood 2010, S. 43f.). Denn mit dieser Art von Unterstellung werden mindestens zwei Dimensionen der Übertragung in Lehr-Lern-Prozessen angedeutet: Die Anwesenheit eines Schülers, welcher den Lehrer erst veranlasst, lehrend tätig zu werden, das Begehren schürt, lehren zu wollen und die Unterstellung an den zu Belehrenden, auch dieser könnte über etwas verfügen, was dem Lehrenden fehlt, ihm mangelt.

Um diesen und weiteren Dimensionen der Übertragung nachzugehen, sollen zunächst insbesondere zwei Szenen dargestellt werden: Ein Gespräch zwischen George und Kenny nach der einzigen Unterrichtsszene des Films (ab der 24. Minute) und eine Unterhaltung in einer Bar, in der Kenny unerwarteterweise erscheint (ab ca. 70. Min.), die im Haus von George weitergeführt wird (ab ca. 83. Min.). Daran schließt eine theoretische Herleitung des Konzepts der Übertragung und dessen Ausweitung auf Lehr-Lernprozesse an, um die Filmhandlung theoretisch zu reflektieren.

2.1 Szene 1: Gespräch nach dem Unterricht

Nach der einzigen Szene des Films, in der so etwas wie institutioneller Unterricht inszeniert wurde – eine College-Vorlesung – folgt Kenny George auf dem Weg aus dem Saal und bittet ihn um ein Gespräch. Der Schüler möchte in Erfahrung bringen, warum der Lehrer nicht immer auf diese Art spreche. George hatte über die Angst als Grund und Ursache für Antisemitismus und die Ängste der amerikanischen Bevölkerung referiert, welche sich „vorzüglich" für Manipulation eignen (vgl. 22–24. Min.). Die Offenheit des Lehrers, so über Angst zu sprechen, habe Kenny beeindruckt. Dieser berichtet von Panikattacken und seinem Umgang damit mithilfe von Drogen. Nach einem kurzen Austausch über Meskalin-Erfahrungen, die eine gewisse Nähe zwischen den Protagonisten erzeugt, bezieht sich Kenny auf den Unterrichtsstil von George: „Ich habe Sie beobachtet, Sir: Erst lassen

Sie uns endlos schwafeln und dann rücken Sie die Dinge gerade. Aber Sie erzählen uns nie alles, was Sie von einer Sache wissen." (27. Min.). Darauf antwortet der Lehrer ausweichend, er wolle „nicht zurückhaltend sein", er könne über „gewisse Dinge im Unterricht nicht völlig offen reden", da er missverstanden werden könne. In der Zwischenzeit sind sie an einem Kiosk auf dem Campus angekommen und Kenny fragt George, was er kaufen wolle: Dieser sei nur auf dem Weg ins Dekanat und habe ihn nur begleitet, „um mit [ihm] zu reden". Kenny kauft sich und dem Lehrer jeweils einen Anspitzer (als Entschädigung) und thematisiert die Farbwahl des Lehrers (gelb), da er erwartet hätte, George wähle einen blauen – gleichbedeutend mit Spiritualität. Darauf reagiert George mit der Gegenfrage („Und Sie: Rot?"), welche für „viele Dinge [stehe]: Zorn, Lust ...." (28. Min.) (vgl. Abb. 1–2). Sie verabschieden sich und George schaut Kenny hinterher.

Abbildungen 1 und 2   DVD-Stills aus *A Singe Man* © Artina Films/Senator 2009

Es folgt eine Szene im Büro, bevor Kenny den Lehrer auf dem Parkplatz noch einmal – auf einem Mofa sitzend – anspricht und diesen mit einem Revolver in der Hand überrascht (31. Min.). Kenny erkundigt sich, ob George in den Urlaub fahre, da dieser sein Büro ausgeräumt habe. Der Lehrer durchbricht ein kurzes Schweigen mit einer Gegenfrage: „Was genau wollen Sie, Kenny?" Der Schüler erläutert, dass er gehofft habe, irgendwann etwas mit ihm zu trinken, da George so wirke, als könne er einen Freund gebrauchen (32. Min.). George gesteht ein, dass Kenny damit recht haben könnte und vertröstet auf einen anderen Zeitpunkt, bedankt sich aber für die Einladung und das vorangegangene Gespräch.

2.2   Szene 2: Gespräch in einer Bar und in Georges Haus

Nachdem George von einem Abendessen mit seiner Freundin Charley zurückgelehrt ist und zu Hause keinen Alkohol findet, verlässt er das Haus, um in einer Bar – in der er auch seinen Lebensgefährten Jim kennengelernt hat – eine Flasche

Scotch zu kaufen (70. Min.). Als er seine Bestellung aufgegeben hat, betritt Kenny
die Bar und George ändert die Bestellung auf zwei Gläser. Sie setzen sich an einen
Tisch und unterhalten sich. Der Lehrer nimmt den Anspitzer aus der Hosentasche
und legt diesen auf den Tisch – man müsse „die kleinen Geschenke des Lebens
würdigen" (vgl. Abb. 3–4).

Abbildungen 3 und 4   DVD-Stills aus *A Singe Man* © Artina Films/Senator 2009

Er erkundigt sich, ob Kenny ihn gesucht habe, da dieser seine Adresse kenne. Kenny: „Schon möglich …" (72. Min.). Dem Schüler gehe momentan „so viel durch
den Kopf" und er müsse an die Inhalte der Vorlesung denken. George winkt ab und
behauptet, das sei „definitiv nicht wichtig", wobei Kenny vehement verneint und
sich das Gesicht des Lehrers erhellt. Im Seminar verblieben sie „die ganze Zeit in
der Vergangenheit", diese sei für Kenny jedoch nicht relevant. Sie erörtern im Anschluss den Gehalt der Gegenwart – diese sei öde, mit Ausnahme dieses Abends
– und der Zukunft. Dabei streifen sie die Themen Tod und Einsamkeit; Isolation
von Geburt bis zum Lebensende. Man sehe die Welt um sich herum als „individuell verzerrtes Abbild" – Kenny sehe George auch nur als „das Bild, das [er] von
[ihm] habe" (73. Min.). George weist diesen Gedanken von sich und behauptet,
am Ende mit einem Lächeln, er sei „genau so, wie [er] zu sein scheine – sofern
man genau hin[sehe]. Das Einzige, wofür sich das Ganze gelohnt hat, das [seien]
diese wenigen Male [gewesen], die [er sich] mit einem Menschen tatsächlich eng
verbunden [hat] fühlen [können]" (74. Min.). Kenny unterstellt dem Lehrer im Anschluss daran, ein Romantiker zu sein. George zitiert in Anlehnung an das Thema
der Vorlesung Huxley: „Erfahrungen sind nicht, was uns widerfährt, sondern was
wir mit den Dingen tun, die uns widerfahren". Nachdem Kenny seinen Lehrer
zum Schwimmen im Meer herausgefordert hat, gehen sie gemeinsam zu George
(78. Min.). Dieser möchte erfahren, warum sein Schüler ihn aufgesucht und die
Sekretärin nach seiner Adresse gefragt habe (83. Min.). Kenny erwidert, dass er
George gern außerhalb der Uni hätte treffen wollen, weil er das Gefühl habe, mit
ihm reden zu können, und er habe sich Sorgen um ihn gemacht.

Diese beiden Szenen eröffnen einige Anknüpfungspunkte, um sich dem Konzept der Übertragung in Lehr-Lern-Prozessen zu nähern, insbesondere im Hinblick auf die Mechanismen der Unterstellung und die ins Spiel gebrachten Begehrlichkeiten und Ansprüche.

3   Übertragung als grundlegendes Moment von Bildungsprozessen

Insbesondere Karl-Josef Pazzini (2010, 2012, 2013) und Hinrich Lühmann (2006, 2010) weisen in ihren Arbeiten darauf hin, dass in pädagogischen Settings Kräfte wirken, die als Übertragungsgeschehen in psychoanalytischen Termini beschrieben werden können, wo Begriffe der klassischen Lerntheorie und Didaktik an ihre Grenzen stoßen. Mit Übertragung ist in erster Linie ein menschlichen Beziehungen immanenter Prozess bezeichnet, welcher sich im Modus des Sprechens, Zeigens – schlichtweg in der Kommunikation innerhalb symbolischer Ordnungen – konstituiert und wirksam wird. Claus-Dieter Rath nennt zwei Ausgangspunkte für die Übertragung: die Hoffnung „im Anderen etwas zu finden" (was einem selbst mangelt) und „ihn zu etwas zu bewegen" (Rath 2002, S. 9). Beim Anderen wird dann ein „hilfreiches Wissen vermutet", welches dem Subjekt helfen soll „aus seinen Symptomen und weiteren Bildungen des Unbewußten das Begehren hervorzulocken und dem Unbewußten einen Auftritt zu verschaffen" (ebd., S. 11). Im Übertragungsgeschehen ist dann etwas wirksam, das aus der „Erinnerung *agiert*" und zu einer „Neubearbeitung" drängt (ebd., S. 10). Die „Übertragungsneigung", so Rath, leite sich aus der „frühkindlichen Hilflosigkeit" und Liebesbedürftigkeit ab, die sich als „Appell an den großen, erfahrenen Anderen" richtet (ebd., S. 12). Die dabei artikulierten oder auch nicht artikulierten Erwartungen und Ansprüche richteten sich an jemandem, dem dadurch ein „Anfangskredit" zugestanden und Wissen unterstellt werde, das dem nach Erlösung vom Mangel und der Unvollkommenheit suchenden Subjekt fehle. Diese anfängliche Unterstellung löst das Übertragungsgeschehen aus (vgl. Lühmann 2006, S. 101). Ein Übertragungsgeschehen in dieser Form ist nicht nur in der psychoanalytischen Kur zu verorten, sondern muss auf allen Felder der zwischenmenschlichen Interaktion angenommen werden, insbesondere dort, wo in „authentischer und voller Weise" gesprochen, wodurch die „Natur der beiden anwesenden Menschen verändert" werde (Lacan 1978, S. 143). Solche Felder sind zum Beispiel auch pädagogische Settings, in denen individuelle (unbewusste) Bildungen bearbeitet werden können.

Die unabschließbare Angewiesenheit auf den anderen bzw. Anderen[1], bildet den Ausgangspunkt für Übertragung. Aus der Sehnsucht nach Ganzheit, Vollkommenheit wendet sich das individuelle Subjekt einem a/Anderen zu, welcher ihm Heil verspricht, bei dem das Subjekt jenes Wissen vermutet, welches ihm mangelt. Erst aus dieser Konstellation heraus, ist eine Zuwendung des individuellen Subjekts zum Kollektiv denkbar, die Überschreitung seiner Grenzen. Wird dieses individuelle Subjekt nun als immer schon in eine Gesellung eingelassenes Wesen gedacht, so muss die Bewegung des Herausschälens als Endprodukt der Erziehung gedacht werden (vgl. Pazzini 2013, S. 131). Um die Vereinzelung zu ertragen, müssen kulturelle Formen entwickelt werden, die einen Umgang mit den Spannungen und Widersprüchen innerhalb der Gemeinschaft erlauben. Im Umgang mit Mitmenschen handelt der Mensch „aus der Übertragung heraus und [ist] in diese eingelassen" (Pazzini 2012, S. 112). Dadurch ist es dem individuellen Subjekt überhaupt erst möglich, sich mit anderen Individuen zu verbinden. Hierfür können die in der psychoanalytischen Kur bekannten Abwehrmechanismen positiv gewendet werden: Projektion, Introjektion und Identifikation stellen eine „Dauerverbindung zur Umgebung des Individuums her" (ebd., S. 118). Erst durch diese „Dauerrelation" werde vor dem Hintergrund eines Übertragungsgeschehens in der Gesellung ein „autonom scheinendes Individuum" konstruiert (ebd.), ihm eine Kontur verliehen (ebd., S. 119), „vom Anderen konturiert" (ebd., S. 120). In diesem Geschehen ist eine eindeutige Zurechnung des *Sujets* als Gegenstand der Übertragung zu einem Individuum nicht mehr möglich. Pazzini schlägt hierfür die Figur des Subjekts des Unbewussten vor (2013, S. 133f.). Die handelnden individuellen Subjekte überkreuzen sich dann „mit den Handlungen des Subjekts des Unbewussten" und es konstituiere sich ein plurales Subjekt (ebd., S. 134), welches auf ein Thema, einen Gegenstand ausgerichtet ist. Im Übertragungsgeschehen wird das individuelle Subjekt dahingehend überschritten, dass dieses Moment nicht mehr dem einzelnen, individuellen Subjekt zugerechnet werden kann und ein unbewusstes Subjekt zu Tragen kommt, welches von mehreren Individuen geteilt wird und daher als „plural" bezeichnet werden kann. Der Gegenstand oder das *Sujet*, auf das oder von dem her übertragen wird, konstituiert dieses Subjekt. Dieses Moment dürfte aus dem Unterrichtsgeschehen bekannt sein. Dieses „dreiwertige Dispositiv" mache eine „Arbeit an der Struktur" möglich, sobald sich die individuellen Subjekte in den „symbolischen (Aus-)Tausch" begeben (Pazzini 2012, S. 120).

---

1   Lacan unterscheidet zwischen dem (kleinen) anderen, einem objektivierten Imaginären, und dem (großen) Anderen, welcher als Ort der Sprache, als die symbolische Ordnung mit ihren (moralischen oder politischen) Gesetzen gilt und durch Amtsträger (Lehrer, Richter etc.) repräsentiert werden kann.

3.1   Symbolische Plätze und die Ausrichtung der Lehre

In der Übertragung wird „jemand [...] immer angesprochen als jemand" (Pazzini 2013, S. 136) und es finde ein „Übertrag auf die Person des anderen" statt (Rath 2002, S. 16). Dies habe genuin mit dem symbolischen Platz dieser Person zu tun, da dieser sonst für den sich Zuwendenden nicht wahrnehmbar und/oder bedrohlich erscheine und betreffe damit die symbolische Dimension der Übertragung (Pazzini 2013, S. 136). Daran lässt sich die Aufgabe des Lehrens nach Pazzini anschließen: „Lehren hat genuin mit der Einrichtung symbolischer Plätze und der Einführung in die symbolische(n) Ordnung(en) der jeweiligen Gesellschaft zu tun" (Pazzini 2010, S. 320).

In pädagogischen Settings besteht eine Differenz zwischen Lehrenden und Lernenden in Bezug auf die im Setting eingerichteten symbolischen Plätze (vgl. Pazzini 2013, S. 122). Erst aus dieser Ungleichheit ergebe sich die „Chance bildender Veränderung" (ebd.). Die Wirksamkeit pädagogischer Prozesse könne auf das Bespielen der im Setting eingerichteten Plätze zurückgeführt werden (ebd.). Niemand käme umhin, „symbolische Plätze einzunehmen, die hie und da zwecks Erhöhung der Wirksamkeit verlassen werden, spielerisch" (ebd.). Dabei seien alle Beteiligten unter „unbewusste, nur vermittelt und nie zielgenau beeinflussbare Prozesse [als] Moment jeglicher Bildung" unterworfen (ebd.). Die Ungewissheit und Unplanbarkeit von Bildungsprozessen zum Trotz, müsse so getan werden „als ob dennoch etwas Bestimmtes, Gewünschtes, Begehrtes erreicht werden könnte" (ebd.). Dabei müssten die „imaginären Prozesse" der beteiligten individuellen Subjekte „mit Disziplin und Übung" auf etwa „die gleiche Richtung" ausgerichtet werden, die aber „nie beherrscht werden" könne (ebd., S. 123). Gleichzeitig werden diese Individuen mit „etwas unabweisbare[m] Reale[n]" konfrontiert, welches „symbolische und imaginäre handelnde Antworten fordert" (ebd.). In pädagogischen Prozessen werde eine Überschreitung der Integrität des a/Anderen notwendig. Die dabei ablaufenden Bildungsprozesse (Entbildungen, Umbildungen, Einbildungen) können sowohl auf das individuelle Subjekt bezogen als auch gesellschaftlich aufgefasst werden und haben „zum treibenden Moment die Reibung, die durch die Inanspruchnahme eines symbolischen Platzes durch singuläre Menschen entsteht" (ebd.). Diese Reibung entstehe „aus den je individuellen, imaginären Vorgängen, der Vermutung über kollektive oder teilkollektive Bildwelten und dem unabweisbaren Drängen des Realen, das zu differenzierenden und abgestimmten Antworten nötigt" (ebd.) und in eine Produktion übergehen müsse (vgl. ebd., S. 136). Jene pädagogischen Prozesse finden innerhalb eines Diskurses statt, welche Pazzini als soziales Band versteht (vgl. ebd., S. 125). Das Sprechen bediene sich sowohl symbolischer Zeichen, als auch ihrer „imaginäre[n] Valenzen" und ihrer „unausweichliche[n] reale[n] Dimension" und werde dann zu einem bildenden, wenn dieser Diskurs selbst „zum Gegenstand (*sujet*), Material und Medium" werde (ebd.). In der Übertragung werde das individuelle Subjekt überstiegen, dadurch aber erst einem Sein und Werden befähigt. Mit der Einrichtung symbolischer Plätze in pädagogischen Institutionen werde dafür Sorge getragen, dass die Singularität der Individuen in der Reibung mit der Verallgemeinerung und Normalisierung im pädagogischen Setting zum Vorschein komme (vgl. ebd.). Die Differenz, welche zwischen dem funktionalen Platz innerhalb einer konstituierten Gruppe und dem individuellen Subjekt auftaucht, gilt es produktiv zu wenden (vgl. Pazzini 2010, S. 323). Hierbei müssen singuläre Anteile der Beteiligten zugunsten einer partiellen Verallgemeinerung vernachlässigt werden (vgl. ebd., S. 315). Daraus resultiert letztendlich die Wirksamkeit pädagogischer Prozesse. Die Bildung am individuellen Subjekt durch die Erfahrung der Verallgemeinerung stellt jedoch nur eine Blickrichtung im Übertragungsgeschehen dar. Durch die Ausrichtung mehrerer Individuen auf einen Gegenstand tritt ein plurales Subjekt als Kollektiv in Erscheinung, welches einem gemeinsamen Sprechen, einer symbolischen Ordnung unterworfen ist (vgl. Pazzini 2013, S. 125). Dies ist insbesondere in Klassenverbänden zu beobachten (vgl. ebd., S. 134). Das Übertragungsgeschehen ist immer nur in den Effekten, die daraus resultieren, erfahrbar. Die Sehnsucht nach Unmittelbarkeit treibt ein forschendes Individuum an, nicht in festgefahrenen Bildern zu verhaften, sondern sich von diesen zu lösen, nach Antworten im Anderen zu suchen: Bildung finde „am Anderen der Übertragung" statt (Lühmann 2006, S. 117).

3.2   Das Begehren des Anderen

Die „Sehnsucht nach Identität" (Pazzini 2010, S. 318) ist Ausgangspunkt für ein Spannungsverhältnis, welches das individuelle Subjekt versucht aufzulösen, und einer „Anerkennung durch den Anderen bedarf" (ebd.). „Es erfährt sich als eine Maske tragend, durch die es anders angesprochen wird, als es sich selber wahrnimmt" (ebd.). Insbesondere in der zweiten Szene (in der Bar) sind im Hinblick auf das Bild und die individuell verzerrten Abbilder, Andeutungen in diese Richtung zu vermuten. Das individuelle Subjekt „erkennt sich erst durch den Anderen", indem sich dieses seinem Begehren unterwirft: *Che vuoi?* – Was willst Du von mir? Was willst Du, dass ich für dich bin? „[W]ohin willst Du, dass ich mich verändere?" (Pazzini 2010, S. 319). Damit unterwirft sich das individuelle Subjekt dem Begehren eines anderen bzw. des Anderen. Jenes Begehren muss als konstitutiver Anfangspunkt für Lehrprozesse aufgefasst werden. Erst indem das individuelle Subjekt einen Mangel, beispielsweise in Form eines Nichtwissens, an sich entdeckt, setzt dieser Mangel eine Suchbewegung nach Antworten frei. Lühmann bezeichnet diesen Zustand des Menschen als eines „Wunschwesen[s]" (2010, S. 267). Übertragung trete dann dementsprechend überall dort auf, „wo dem Anderen ein Wissen oder Können unterstellt wird, das dem Subjekt wichtig ist", wodurch dieser zu einem „wirksamen Anderen" werde (Lühmann 2010, S. 266), da er über ein Wissen verfüge, welches das individuelle Subjekt nicht habe, welches gut für ihn sei, ihm helfe „den eigenen Mangel zu überbrücken" (Pazzini 2012, S. 119). Diese Unterstellungen gehen mit einem Vertrauen einher, welches unabdingbar für die Wirksamkeit in Bildungsprozessen ist. Lühmann geht in seiner Argumentation so weit, dass der die Übertragung als „Ort der Bildung des Subjekts" beschreibt (Lühmann 2010, S. 269). Dort wo der Lehrer durch sein Sprechen auf den „Korpus der Signifikanten des Schülers ein[greift]" (ebd.), finde eine Neuausrichtung, Neupositionierung des Subjekts im Symbolischen und Imaginären statt, welche als Bildung beschrieben werden könne. Dem Pädagogen komme die Aufgabe zu – unterstützt durch seinen symbolischen Platz – das Übertragungsgeschehen für eine Zeit aufrechtzuhalten, diese Bindung, Relation dann aber zu lösen, um das individuelle Subjekt in einem Zustand der (Wiss-)Begierde zu entlassen (vgl. Lühmann 2010, S. 272). Unter anderem habe auch die Schule die Aufgabe, „die Eltern-Kind-Übertragung durch schulische Übertragung abzulösen" und den Schüler dorthin zu schicken, „wo es andere Orte, Personen, Quellen für sein Wissenwollen gibt" (Lühmann 2010, S. 271). Die strukturelle Bedingung für dieses „Wissenwollen" ergibt sich aus der Unabschließbarkeit in der Subjektgenese, wie sie in der psychoanalytischen Theorie Lacans beschrieben wird (vgl. Lacan 1973).

3.3   Das Begehren des Analytikers/des Lehrers

Die psychoanalytische Übertragung muss als „Mittel der Erkenntnis" aufgefasst werden (Rath 2002, S. 18), um die individuellen Bildungen aufzuspüren, über die sich das „Subjekt *erklärt*" (ebd., S. 16). Dabei spielt das Begehren des Analytikers eine entscheidende Rolle: Das „Interesse des Analytikers für das, was Psychoanalyse ausmacht: für die Arbeit an der Erschließung des Unbewußten" (Rath 2002, S. 20). Es muss somit ein Erkenntnisinteresse vorliegen, die Bildungen des Unbewussten entziffern zu wollen, um in einer Übertragungsbeziehung wirksam zu werden. Ohne dieses Begehren würde die Arbeit keinen Sinn machen, da nach Lacan Übertragung eine „Liebe zu dem Wissen [darstelle], das dem Anderen unterstellt wird" (ebd., S. 22). Es stelle sich also die „Frage nach der eigenen Suche" (ebd.) nach diesem Begehren, aufzudecken, was einen antreibe, auf Grundlage welcher Unterstellungen eine Beziehung zum anderen eingegangen werde.

Übersetze ich die eben skizzierte Übertragungsdynamik in Bezug zum Wissen auf pädagogische Situationen und Aktionen, auf Lehr-Lern-Prozesse, dann lässt sich über das Begehren des Lehrers *und* des Schülers nachdenken. Wie eingangs an den Zitaten von George und Kenny demonstriert, unterstellen beide dem jeweils anderen ein Mehr-Wissen, welches sie zu dechiffrieren versuchen und in dieser Suchbewegung, tritt deren Begehren im Zuge der Unterstellung zutage. In pädagogischen Berufen sollte solch ein Begehren zum Tragen kommen (können). Wer sich für den Lehrberuf aus anderen Gründen entscheidet, müsse damit rechnen, auszubrennen oder sich anderweitig zu entschädigen (vgl. Pazzini 2013, S. 125).

Sowohl Kenny als auch George unterstellen sich gegenseitig ein Mehr-Wissen, welches sie versuchen einzuholen, durch gezielte Nachfragen einzufordern oder in der nonverbalen Kommunikation – in der Mimik und Gestik – des Anderen zu beobachten. Auf dem Wissen basierend, dass George mit Jim in einer Beziehung stand, ist es für den/die Betrachter*in des Films naheliegend, zu unterstellen, dass George mehr als an Kennys Bildung interessiert ist, dass auch ein (sexuelles) Begehren im Spiel ist. Ein mögliches Kondensat dieses Begehrens wird m. E. im Objekt des Anspitzers inszeniert, welchen Kenny George als ‚Entschädigung' kauft. Und er spielt auch in der zuvor beschriebenen Bar-Szene eine Verbindung-stiftende Rolle – als Symbol des *Commitments*.

3.4   Wirksamkeit von Lehre

Dass der Lehrende nicht über dieses Mehr-an-Wissen verfüge, werde dem lernenden Subjekt erst mit der Zeit bewusst (vgl. Lühmann 2006, S. 103). Um jedoch eine Begehrensstruktur zu entwickeln und diese am Laufen zu lassen, sei es von Nöten, dass die Unverfügbarkeit eines symbolisch strukturierten Wissens offengelegt werde, das Streben danach, diese Offenheit zu ergründen, vonseiten des Lehrenden erfahrbar werde (vgl. ebd., S. 106). Gleichzeitig könne der Lehrende in der Handhabung der Übertragung Einfluss darauf nehmen, wie der Schüler „dem Wissen begegnet, das [die Lehrenden] für ihn repräsentieren", wenn dem Lehrenden die Mechanismen und Wirkungsweisen der Übertragung bewusst seien (ebd., S. 109). Der Lehrer müsse „die Möglichkeit des begehrenden Diskurses vorleben und die Schüler in diesen Diskurs mit einbeziehen" (ebd., S. 110). Die Leidenschaft für einen Inhalt oder den zu unterrichtenden Schüler als *Sujet* der Übertragung gilt es hierbei zu entwickeln: „Die schulische Entwicklung des Subjekts zum Begehren geschieht in der Übertragung und in der Auseinandersetzung mit dem Wissen" (ebd.). Durch die „drängende Präsenz einer anderen Person" und dessen Begehren, werde ein „Raum für eigenes Begehren [eröffnet]" (Lühmann 2006, S. 114).

Im Roman, wie auch im Film, beklagt sich Charley, eine Freundin von George, über die fehlenden Verpflichtungen, das Gebraucht-Werden: „But none if them *need* me. There isn't anyone who'd make me feel guilty about leaving them [...]" (Isherwood 2010, S. 111). Es erscheint, als würde sie ihr Dasein nur über die Verantwortung anderen gegenüber rechtfertigen, sie verleiht der Existenz einen Sinn. Sie spürt nicht mehr die Verantwortung für die Welt, die sie umgibt und beschließt daher diesen Ort (Los Angeles) verlassen zu wollen. Einen ähnlichen Gedanken äußert auch George: „[...] Who depends on me, now? Who cares?" (ebd., S. 90). bzw.: „Die Angst, dass wir nutzlos sind und niemand hört, was wir zu sagen haben." (24. Min.).

Ein Spannungsverhältnis, welches in der Profession des Lehrers auszuhalten gilt, überflüssig zu werden, sich kein Gehör mehr verschaffen zu können, kein Wissen mehr unterstellt zu bekommen. George zieht sich zurück in eine Zurückhaltung, „mysteriousness" (Isherwood 2010, S. 44), die eine Oberfläche für Unterstellungen sein kann: „ [...] but you never tell us *all* you know about something" (ebd., S. 60). Die Verschlossenheit, das Zurückhalten von Informationen wird als Unterstellung wirksam und sichert das Existenzrecht des symbolischen Platzes: *„what I know is what I am"* (ebd., S. 144). Die Unterstellungen werden in Fords Film jedoch auch von Seiten des Schülers Kenny deutlich: „Aber Sie erzählen uns nie alles, was Sie von einer Sache wissen" (27. Min.). Kenny fordert offen ein, was Ausgangspunkt für Übertragungsgeschehen und Lehrprozesse ist: die Unterstellung eines Wissens, auf welche sich die Aufmerksamkeit richtet, etwas, das den/die Schüler*in an den Lehrenden fesselt, ihn/sie veranlasst, sich dem Unterrichtsgeschehen auszusetzen, auch wenn der Lehrer/Dozent diese „erst [...] endlos schwafeln [lässt] und dann [...] die Dinge gerade [rückt]" (27. Min.).

4   Das Antworten und die Verantwortung

Der Titel des Spielfilms verweist auf einen einzelnen/vereinzelten Mann, um den es gehen wird, einen Lehrenden am College, der sich seinem Leben und seinen Verbindungen zu entziehen versucht. Von einem Menschen, der versucht, sich in seine imaginäre Gedankenwelt zurückzuziehen, jedoch von den Mitmenschen immer wieder in einen symbolischen Stoffwechsel zurückgeholt, von ihnen angesprochen, angerufen wird. Bereits im Spielfilm als Beispiel für die Beziehungen zwischen den Individuen, scheint deutlich zu werden, dass sich George nicht von seiner Umwelt isolieren kann. Selbst im Versuch sich zu erschießen, wird er von dem Anruf seiner Freundin Charley gestört und muss auf diesen antworten.

Im Laufe des inszenierten letzten Tags der George-Figur, wird diese unablässig von seinen Mitmenschen auf seine Erscheinung und sein Befinden angesprochen. Ein Entzug erscheint unmöglich. Gerade jene Szenen, bei denen George mit einer Sorge oder einer „Anrufung" konfrontiert wird, zeichnen sich in der filmischen Darstellung aus. In diesen Szenen ist eine intensivierte Färbung der Bilder zu verzeichnen, die Sequenzen wirken wärmer, energiegeladener. Dies betrifft beispielsweise die Gespräche mit Kenny zu Beginn des Films (Kenny: „Sie wirken so, als ob Sie einen Freund gebrauchen könnten." 32. Min.) oder nach dem Barbesuch und Bad im Meer, bei George zu Hause (Kenny: „Und ehrlich gesagt: Ich habe mir auch Sorgen um Sie gemacht, heute." 84. Min.).

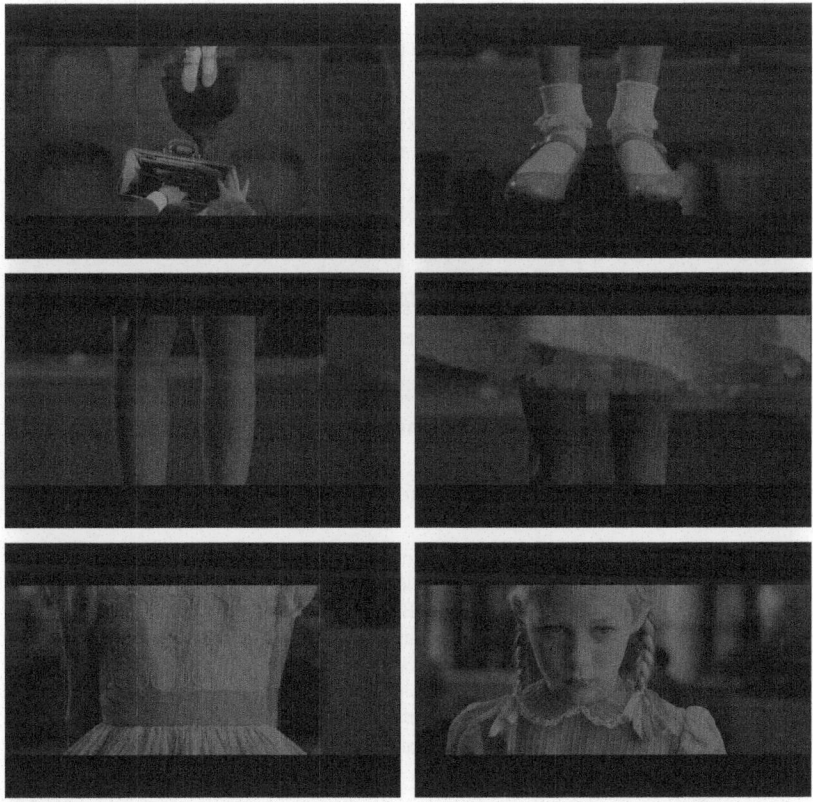

Abbildungen 5–10   DVD-Stills aus *A Singe Man* © Artina Films/Senator 2009

Diese formale Besonderheit der Bildgestaltung betrifft auch eine Szene mit der Nachbarstochter Jennifer in der Bank (37. Min., vgl. Abb. 5–10) oder das Zusammentreffen mit Carlos vor einem Supermarkt (39. Min.): Carlos: „Mich hat noch niemand angesprochen, ohne etwas zu wollen." – George: „Du hast doch mich angesprochen" (44. Min.). Insbesondere diese Szene eröffnet einen weiteren theoretischen Ansatz: Im Hintergrund der Szene, ist ein Filmplakat von *Psycho* (Hitchcock USA 1960) mit dem Blick von Vera Miles zu sehen. In diesem Kontext lohnt sich ein kurzer Exkurs zum Verhältnis von Blick und Begehren, da im Verlauf der Handlung einige Szenen darauf hindeuten, dass sich George den Blicken des Betrachters zu entziehen versucht, beispielsweise in der Vorbereitung seines Suizids, wenn er sich ins Innere eines Schlafsacks verkriecht (51. Min.).

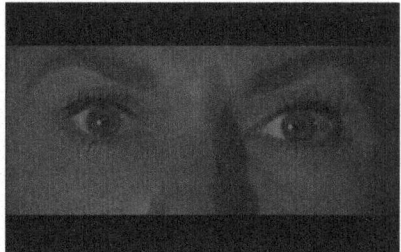

Abbildung 11 (links)   DVD-Still aus *A Singe Man* © Artina Films/Senator 2009
Abbildung 12 (rechts)   DVD-Still aus Psycho © Universal Pictures Germany 2006

4.1   Exkurs: Blick und Begehren

Elena Pavlova zitiert in ihrer Dissertation Sartre:

> „Der Blick des Anderen, der mir ein Sein verleiht, der mich als Ich/Selbst konstituiert, ist zugleich derjenige, durch den ich die beängstigende Erfahrung des unhintergehbaren (Selbst-)Verlusts, (Selbst-)Entzugs, die Erfahrung meiner Objektheit, meiner Andersheit (,Ekstase'), meiner Begrenztheit mache" (Pavlova 2005, S. 68).

Im Augenblick, in dem das Individuum erblickt und erkannt wird, verliert es die Kontrolle über jenes, was gesehen wird an den Anderen. Gleichzeitig ist es aber von seiner Anerkennung abhängig, denn nur, wenn es auch als Individuum anerkannt wird, kann es sich seiner Existenz auch bewusst sein. Der Blick „begrenzt mich, indem er mich verräumlicht und er verzeitlicht/vergeschichtlicht mich (mit sich), […]. Wir verzeitlichen uns also gegenseitig durch unsere ungleichzeitig-gleichzeitige Anwesenheit" (ebd.). Gleichzeitig werde durch das Gesehen-Werden aber auch der „Tod [der] Möglichkeiten" markiert (ebd.), da das Subjekt nun den Erwartungen entsprechen müsse, die der Andere in es hineinprojiziere. Seine eigene Begrenzung, die das Subjekt durch den Anderen erst erfährt, werde von ihm übernommen und so erlange es ein Bewusstsein von sich.

Doch auch ein anderer Moment erscheint hier von Bedeutung: Indem ein Bezug zum Anderen durch eben diesen Blick hergestellt wird, reiße er das Subjekt von sich selbst los, „aus der Immanenz des Bei-sich" oder „An-sich-/Für-sich-seins" (ebd.) und ermöglicht dem Subjekt so das Für-Andere-sein. Hierbei erweise sich die Struktur des Für-Andere-sein gleichzeitig als die Struktur des Selbst (vgl. ebd.). Aus der „Realisierung und Anerkennung des Anders-seins" oder der „Ausgesetztheit an den Anderen" (ebd.) begründe sich die Verantwortung gegenüber dem Anderen, da auch dieser auf die Anerkennung durch das Gegenüber angewiesen sei, denn beide seien für die „Existenz des Anderen gemeinsam verantwortlich" (ebd.). „Sich für den Anderen verantworten heiß[e] [...] dem Anderen zur Antwort stehen" (ebd.).

Im Roman vergleicht sich die George-Figur in einem Gespräch mit seinem Schüler Kenny mit einem Buch: „I'm like a book you have to read. A book can't read itself to you. It doesn't even know what it's about. I don't know what I'm about." (Isherwood 2010, S. 144). In dieser Passage wird in Bezug auf die Konzeption des Individuums beziehungsweise des Subjekts erneut deutlich, dass es sich um ein Fremdbestimmtes handelt, dass es sich nicht selbst als Ganzes erfahren kann, sondern immer auf eine Bestimmung von Außen, vom Anderen her angewiesen ist. An dieser Stelle taucht jedoch immer auch die Sehnsucht auf, als Ganzes erfahren zu werden, in seiner Totalität, was schon dadurch zum Scheitern verurteilt ist, da das psychische Innenleben nicht unmittelbar dem Anderen zur Verfügung steht. Damit es zum Ausdruck kommt, muss es immer erst symbolisiert werden. Gleichzeitig hinterfragt George jedoch auch, ob der Sinn der menschlichen Existenz darin bestünde jeden Menschen immer nur kategorisch zu bestimmen, ihn Stereotypen zuzuordnen, wie mit einem Katalog in einer Kunstausstellung: „Are we to spend [our lives] identifying each other with catalogues, like tourists in an art gallery?" (ebd., S. 142). Es scheint als würde er sich dagegen wehren, das Individuum nur in seiner oberflächigen Erscheinung als solches erkennen zu wollen. Er projiziert den Wunsch, selbst nicht nur oberflächig erkannt zu werden, auf eine verallgemeinerte Maxime des Umgangs miteinander.

Einem solchen Blick setzen sich Personen am symbolischen Platz des Lehrers konstant aus. Die Lehrperson gibt sich im Lehren preis, offenbart gleichsam im besten Falle ein Begehren, ein starkes Interesse sowohl am Lehrgegenstand, als auch an den Schüler*innen.

5   Zusammenfassung

George lässt sich immer wieder durch den Anspruch anderer ins Leben, auf seinen symbolischen Platz zurückrufen. Jedoch variiert er diesen angerufenen Platz. Die Treffen mit seinem Schüler Kenny werden außerhalb des Unterrichts zu einer Bühne zuvor unausgesprochener Begehrlichkeiten. Es findet ein Übergriff, ein Eingriff in die Privatsphäre des Lehrers statt, den dieser wohlwollend hinnimmt und in das riskante, sexuell aufgeladene Beziehungsspiel mit seinem Schüler einsteigt. Im weiteren Verlauf dieses Spiels wird die Lehrerfigur George aus seiner Selbstbezogenheit herausgefordert und in Beziehung zu seiner sozialen Umwelt gesetzt.

Mithilfe des psychoanalytischen Konzeptes der Übertragung konnte deutlich gemacht werden, dass sich die Beziehung zwischen George und Kenny, im Film meist zwar außerhalb der institutionellen Bildungsräume des Colleges inszeniert, als eine Übertragungsbeziehung zwischen Lehrer und Schüler analysieren lässt. Die gegenseitigen Unterstellungen, das Angeblickt-Werden und die Einforderung von Antworten, bilden die Grundlage für Bildungen im und am Subjekt, sie sind Ausgangspunkt für wie auch immer geartete Lern- und Bildungsprozesse (des Unbewussten). Wie prekär und riskant diese Beziehungen zwischen begehrenden Subjekten sind, deutet sich im Spielfilm an. Trotzdem, so lässt sich mit *A Single Man* formulieren, ist das im Begriff der Übertragung gefasste wechselseitige, intersubjektive Begehren – vonseiten des Lehrenden wie auch des Lernenden – unhintergehbarer Grund aller wirksamen pädagogischen Aktionen. Gleichsam können die Leidenschaft, die Neugier und ein Erkenntnisinteresse für den Lerngegenstand nicht nur von den Schülerinnen und Schülern erwartet werden, sondern muss vom Lehrenden verkörpert, vorgelebt werden, sodass es vom lernenden Subjekt nachvollzogen werden kann. Die Verkörperung des Wissens kann sowohl als Legitimation für den symbolischen Platz als auch als Verantwortung für das Subjekt der Bildung verstanden werden.

Filme

A Single Man. (USA 2009). Regie: Tom Ford. DVD Artina Films/Senator 2009.
Psycho. (USA 1960). Regie: Alfred Hitchcock. DVD Universal Pictures Germany 2006.

Literatur

Freud, S. (1919). Das Unheimliche. In Mitscherlich, Alexander, Richards, Angela; Strachey, James (Hrsg.), *Studienausgabe Band IV* (S. 241–274). Frankfurt a. M.: Suhrkamp.
Isherwood, Ch. (2010). *A Single Man*. London: Vintage.
Lacan, J. (1973). Das Spiegelstadium als Bildner der Ichfunktion (1949). In Ders. (Hrsg.), *Schriften I* (S. 62–70). Olten: Walter.
Lacan, J. (1978). *Freuds technische Schriften Das Seminar von Jacques Lacan, Buch I (1953–1954)*. Olten: Walter.
Lacan, J. (1986). *Le Séminaire de Jacques Lacan. Livre VII. L'Éthique de la Psychanalyse* (1959–1960). Paris: Éditions du Seuil.
Lühmann, H. (2006). Schule der Übertragung. In Pazzini, K-J. & Gottlob, S. (Hrsg.), *Einführung in die Psychoanalyse II. Setting, Traumdeutung, Sublimierung, Angst, Lehren, Norm, Wirksamkeit* (S. 97–118). Bielefeld: transcript.
Lühmann, H. (2010). Die Schule, das Lehren und die Übertragung. In Pazzini, K-J., Schuller, M. & Wimmer, M. (Hrsg.), *Lehren bildet? Vom Rätsel unserer Lehranstalten* (S. 263–273). Bielefeld: transcript.
Masschelein, J. & Simons, Ma. (2005). *Globale Immunität oder Eine kleine Kartographie des europäischen Bildungsraums*. Zürich: Diaphanes.
Pavlova, E. (2005). *KörperBilder – BildKörper. Annäherungen an Elfriede Jelineks Theater unter besonderer Berücksichtigung seiner kritischen Dekonstruktion des faschistischen Körper-Diskurses*. Universität Hamburg: Dissertation.
Pazzini, K-J. (2010). Überschreitung des Individuums durch Lehre. Notizen zur Übertragung. In Pazzini, K-J., Schuller, M. & Wimmer, M. (Hrsg.), *Lehren bildet? Vom Rätsel unserer Lehranstalten* (S. 309–327). Bielefeld: transcript.
Pazzini, K-J. (2012). Übertragung und die Grenzen des Individuums. In Michels, A., Gottlob S. & Schwaiger, B. (Hrsg.), *Norm, Normalität, Gesetz* (S. 111–127). Wien: Turia+Kant.
Pazzini, K.-J.. 2013. Übertragung. Freuds Ahnung einer notwendig veränderten Sicht auf das individuelle Subjekt. In Ahrbeck, B., Dörr, M., Göppel, R. & Gstach, J. (Hrsg.), *Strukturwandel der Seele. Modernisierungsprozesse und pädagogische Antworten. Jahrbuch für Psychoanalytische Pädagogik 21* (S. 122–140). Gießen: Psychosozial-Verlag.
Rancière, J. (2007). *Der unwissende Lehrmeister. Fünf Lektionen über die intellektuelle Emanzipation*. Wien: Passagen Verlag.
Rath, C-D. (2002). Vorwort. In Michels, A., Müller, P., Perner, A. & Rath, C.-D. (Hrsg.), *Übertragung. Jahrbuch für klinische Psychoanalyse Bd. 4* (S. 9–23). Tübingen: edition diskord.
Widmer, P. (2009). *Subversion des Begehrens. Eine Einführung in Jacques Lacans Werk*. Wien: Turia + Kant.
Zirfas, J. & Jörissen, B. (2007). *Phänomenologie der Identität. Human-, sozial- und kulturwissenschaftliche Analysen*. Wiesbaden: VS Verlag.

The manufacturer's authorised representative in the EU is Springer
Nature Customer Service Centre GmbH, Europaplatz 3, 69115 Heidelberg,
Germany. If you have any concerns regarding our products, please
contact ProductSafety@springernature.com

Printed and bound by CPI Group (UK) Ltd, Croydon, CR0 4YY
27/04/2026
02097614-0008